中国梦

中国少年

中国少年不可不读的
榜样人物故事

主　编：王　剑

副主编：吴　宏

编　委：曹　华　崔玉琴　何万祥　储呈进
王　云　赵海燕　韩兆芬　陈蔷薇

现代教育出版社
Modern Education Press

图书在版编目（CIP）数据

中国梦：中国少年不可不读的榜样人物故事 / 王剑主编. — 北京：现代教育出版社, 2017.12（2023.7重印）

ISBN 978-7-5106-5901-0

Ⅰ. ①中… Ⅱ. ①王… Ⅲ. ①先进工作者－先进事迹－中国－现代－少年读物 Ⅳ. ①K820.7-49

中国版本图书馆CIP数据核字(2017)第292860号

中国梦·中国少年不可不读的榜样人物故事

出品人 陈 琦
主　　编 王 剑
选题策划 李 硕
责任编辑 李 硕 王海平
封面设计 韩志鹏
出版发行 现代教育出版社
地　　址 北京市东城区鼓楼外大街26号荣宝大厦三层
邮　　编 100120
电　　话 010-64252230（编辑部）010-64256130（发行部）
印　　刷 三河市祥达印刷包装有限公司
开　　本 710mm × 1000mm 1/16
印　　张 8
字　　数 110千字
版　　次 2018年5月第1版
印　　次 2023年7月第15次印刷
书　　号 ISBN 978-7-5106-5901-0
定　　价 20.00元

什么是中国少年的中国梦

习近平总书记在参观“复兴之路”展览时指出：“实现中华民族伟大复兴，就是中华民族近代以来最伟大的中国梦。”中国梦凝聚了中国人民对中华民族伟大复兴的憧憬和期待，需要一代又一代人为之努力奋斗。在谈到中国少年的中国梦时，习近平总书记寄语：“全国青少年要志存高远，增长知识，锤炼意志，让青春在时代进步中焕发出绚丽的光彩。”

中国青少年要如何实现中国梦呢？

首先，树立正确的价值观，相信榜样的力量。什么样的“榜样”才是有力量的呢？曾经我们把雷锋当成学习的榜样，把华罗庚、陈景润当成奋斗的目标，我们把周恩来的“为中华崛起而读书”写在书桌上……

我们编写《中国梦·中国少年不可不读的榜样人物故事》《中国梦·中国少年不可不读的大国工匠故事》，收集现当代四十位不同时期、不同岗位为祖国做出卓越贡献的人的材料，讲述他们的故事，目的就是让广大少年认识强大国家背后的力量、树立正确的行为榜样和价值观，以榜样去影响、带动、感召少年们，让榜样的力量春风化雨，激起他们奋进的动力。

其次，锻炼坚忍不拔和自强不息的意志。中央电视台组织拍摄的大型纪录片《大国工匠》，将一群在平凡岗位上把工作做到极致的人推入大众的视野。他们在工作中，也曾因枯燥、艰难而迟疑，但无一例外地坚持了下来，做出了不平凡的成绩。读他们的故事，不仅是了解他们成功后的光环，更重要的是学习他们的“平凡”，学习他们百折不挠、勇往直前、顽强拼搏的精神。

最后，自知自制，刻苦学习。中国少年是承载中国梦的主体之一，要努力学习科学文化知识，积极参加社会实践，提高自身综合能力，为祖国未来的建设积聚能量，以自己的梦托起中国梦，深刻学习和认识中国梦的内涵和实现路径，共同书写民族复兴、国富民强的璀璨篇章。

这就是中国少年的中国梦，希望大家能在这些人物故事里汲取正能量，找到正确的方向。

编者

2018年3月

目录

在寻求真理的长征中，唯有学习，不断地学习，勤奋地学习，有创造性地学习，才能越重山，跨峻岭。

——华罗庚

华罗庚——为数学而生的大师

华罗庚是我国解析数论、矩阵几何学、典型群、多复变函数论等多方面研究的创始人和开拓者，被誉为“中国现代数学之父”“人民科学家”。国际上以华氏命名的数学科研成果有“华氏定理”“华氏不等式”“普劳威尔 - 加当华定理”“华氏算子”等。

华罗庚是享有盛誉的国际数学大师，他的名字出现在美国史密斯松尼博物馆与芝加哥科学技术博物馆等著名博物馆中。他与少数有伟大贡献的数学家一起，被芝加哥科学技术博物馆列为“当今世界 88 位数学伟人”之一。英国著名数学史家贝特曼称：“华罗庚是中国的爱因斯坦，足够成为全世界所有著名科学院的院士。”

酷爱学习的小华罗庚

华罗庚，1910 年出生在江苏金坛的一个贫困家庭。他从小就刻苦学习，这里面还有很多趣事呢。

年幼的华罗庚曾在一个棉花铺子里当伙计。有一次，一个妇女来买棉花，她问："一包棉花多少钱？"华罗庚当时正在算一道数学题，随口就把计算的答案说了出来。那个妇女吃惊地说："怎么这么贵？"华罗庚这才意识到有人来买棉花，赶紧说了价格，妇女便买了一包棉花离开了。完成这单买卖后，华罗庚准备继续计算，却发现用来计算的算草纸被刚才那位妇女带走了。这下可急坏了华罗庚，他不顾一切地去追，终于追上了那位妇女。华罗庚紧紧握住妇女的衣袖，不好意思地说："阿姨，能……能把算草纸还给我吗？"那位妇女生气地说："这可是我花钱买的，又不是你送的。"华罗庚急得满头大汗，连忙说："要不这样吧，我花钱把它买下来！"华罗庚正要伸手掏钱时，那位妇女好像被感动了，把算草纸还给了华罗庚。此时，华罗庚才微微舒了口气，赶回铺子，继续计算起来……

1922年，刚刚小学毕业的华罗庚幸运地成为金坛县立初级中学的第一届学生，也就是在这里，他与数学结下了不解之缘。

一天，老师出了道"物不知其数"的算题。老师说，这是《孙子算经》中一道有名的算题："今有物不知其数，三三数之剩二，五五数之剩三，七七数之剩二，问物几何？""23！"老师的话音刚落，华罗庚的答案就脱口而出。当时的华罗庚并未学过《孙子算经》，老师问他："你是如何计算出来的？"华罗庚站起来响亮地回答："三三数之剩二，七七数之剩二，余数都是二，此数可能是 $3\times7+2=23$，用5除之恰余3，所以23就是所求之数。"老师发现了华罗庚的数学天分，开始尽力培养他。

1925年，华罗庚初中毕业了，但是由于家境贫寒，未能进高中学习，而是进入黄炎培在上海创办的中华职业学校学习会计。

在上海期间，华罗庚曾获得上海市珠算比赛的第一名，也可以说，华罗庚是中国的第一届数学竞赛冠军。他对传统的珠算方法进行了认真的思考和

终于追上买棉花的阿姨，小华罗庚不好意思地说：“阿姨，能……能把算草纸还给我吗？”

分析。他认为珠算的加减法难以再简化，但乘法还可以简化。乘法传统打法是“留头法”或“留尾法”，就是先将乘数打上算盘，再用被乘数去乘；每用乘数的一位数乘被乘数，就在乘数中将该位数去掉；将乘数都去完，就得到最后答案了。华罗庚想：“何不干脆将每次乘出的得数逐次加到算盘上去呢？这样就省掉了将乘数打上算盘的时间。”例如：28×6，先在算盘上打上2×6=12，再退一位，加上8×6=48，立即得168，只用两步就能得出结果。对于除法，也可以同样化为逐步相减来做。凭着这样的智慧，再加上擅长心算，华罗庚的珠算水平压倒了那些炙手可热的高手。

华罗庚对语文学习也很用心，并且非常有主见，敢于质疑权威。有一次，老师把自己收藏的文学大师胡适的书分给学生，让每人看完后写一篇读后感。华罗庚拿到的是《尝试集》。胡适在这本书中流露出对提倡白话文的得意之情，认为自己做出了一次成功的尝试，于是在扉页上写了一首《序诗》：“尝试成功自古无，放翁这话未必是。我今为下一转语，自古成功在尝试。”

华罗庚在写读后感时，并没有赞美胡适，而是尖锐地指出这首诗概念混乱：第一句中的“尝试”与第四句中的“尝试”是两个完全不同的概念。第一句中的“尝试”是指初次尝试，而初次尝试就成功是比较罕见的；第四句中的“尝试”则是指经过多次尝试或失败之后的一次成功尝试，所以它们具有不同的含义。单独来看，两个“尝试”都是有道理的，但胡适将两者放在一起，是拿自己的概念随意否定别人的概念。他在读书心得中只写了几个字：“胡适序诗逻辑混乱，不堪卒读。”

不畏艰难，自学成才

由于家境贫困，华罗庚在离从中华职业学校毕业还差一学期时，父母已无力供他继续念书。他只好辍学回家，帮助父亲打理家中的小杂货铺。但不甘平凡的华罗庚没有就此放弃自己的人生追求，他更加迷恋数学，开始了艰难的自学之路。

有客人光临小店铺，华罗庚就帮父亲打算盘、记账，客人一离开，华罗庚就继续埋头看书或演算数学题。有时算得入迷，华罗庚竟将自己演算的结果当成客人应付的货款。日子一长，街坊邻居都叫这位呆头呆脑的少年为“书呆子”。父亲听了很生气，百般叮嘱无果后，好几次要把他的数学书烧了，可华罗庚死死地抱着书不放，父亲便也无可奈何了。

为了继续学习，华罗庚四处寻找数学书自修。找遍了整个小镇，也就只有一本《大代数》、一本《解析几何》和一本50多页的《微积分》。他“贪婪”地把它们读了一遍又一遍，直到烂熟于心。也正是因为没有书，华罗庚养成遇到疑难就思考的习惯。

1930年12月，年仅20岁的华罗庚在《科学》杂志上发表了名为《苏家驹之代数的五次方程式解法不能成立之理由》一文。当时在清华大学数学系任系主任的熊庆来看到后，对这篇文章大加赞赏。熊庆来了解到华罗庚的身世后，打破惯例，让华罗庚担任清华大学数学系的助理员，日常工作就是整理图书资料、收发文件、代领文具等杂务，工作很轻松，有空闲时间可以去听课与自修。在名家云集的清华园，华罗庚一边工作，一边在数学系旁听，如饥似渴地学习高等数学，同时跟杨武之（杨振宁的父亲）学习数论。

1933年，华罗庚被破格提升为助教并教授微积分课。除了学习数学外，华罗庚还学习英语、德语和法语。到1934年，华罗庚已经可以用英文写论文了。1935年，他正式成为清华大学的教员。一个只有初中文凭的青年人，居然能登上清华大学的讲台，这简直就是一个奇迹。

1936年，华罗庚被清华大学推荐到英国剑桥大学留学。华罗庚将自己所有的时间和精力都投入到数学研究中。付出总有回报，两年中，他的研究成果逐渐被国际数学界重视，年轻的华罗庚在数学界声名鹊起。

成就卓著，报效祖国

1937 年，在英国留学的华罗庚听闻日本侵略者在中国的野蛮行径后，心急如焚，归心似箭。第二年，华罗庚从英国回到祖国，在西南联大任教。

这段时期是华罗庚最为艰苦的岁月，但他还是先后完成了二十余篇论文和第一部数学著作《堆垒素数论》。这本书成为数学研究中的经典文献，被翻译成为英文、德文、日文与匈牙利文，影响了多个国家的数学研究工作。

《堆垒素数论》：1940 年华罗庚用八个月时间完成的第一部数学专著。最初华罗庚将书稿交给中国的有关部门请求出版。1941 年，华罗庚将手稿寄给苏联的维诺格拉多夫。维氏回复表示战争结束后立即付印。因此此书于 1947 年由苏联科学院出版。1953 年，中国科学院出版中文版。

1946 年秋天，华罗庚应美国普林斯顿大学魏尔教授之邀赴美进行学术访问。在美国的四年，他拓展了自己的研究方向，认真研究了应用数学的情况，特别是电子计算机，要知道那时候全世界第一台计算机才刚刚诞生。

中华人民共和国成立时，华罗庚已经被伊利诺伊大学聘为正教授，他的家属也随同到美国定居，有洋房和汽车，生活十分优裕。但是充满爱国之心的他克服了美国方面的重重阻挠，于 1950 年带着妻儿回到了浴火重生、百废待兴的祖国。回国之初，华罗庚担任清华大学数学系主任，潜心为中华人民共和国培养数学人才，像世界知名的数学家陈景润、王元、陆启铿等都是华罗庚的得意门生。

1969 年，华罗庚推出了学术著作《优选学》，并将手稿作为国庆二十周年的献礼献给了国务院。

1977 年，华罗庚被任命为中国科学院副院长。从那以后，他多次出国进行学术交流，将自己在数学上的研究成果同国际学者分享，也因此受到国际上诸多数学家的赞赏。

1979 年，华罗庚应邀到英国讲学。在一次宴会上，一位女学者来到华罗庚面前敬酒，突然，她大声问道："华教授，您不为自己当初回国感到后悔吗？"

面对这位女学者不友好的提问，华罗庚坚定而有礼貌地回答说："不！我一点儿也不后悔。我回国，是要用自己的力量，为祖国做些事情，并不是为了舒服。我活着不是为了个人，而是为了祖国。"铿锵有力的回答掷地有声，爱国的热情溢于言表，充分体现了他的爱国情操。

1985 年，75 岁高龄的华罗庚前往日本访问。6 月 12 日下午 4 时，华罗庚在东京大学数理学部进行题为《理论数学及其应用》的演讲，演讲完毕，准备接受日本友人的献花时，突然晕倒在讲台上。当晚 22 时，这位为中国数学研究发展呕心沥血的数学家走完了自己坎坷、传奇的一生，在科学的讲坛上光荣地奋斗到生命的最后一刻。

【阅读关键词】信念、爱国、操守

【成长启示】大师的卓越在于在困苦面前意志坚定顽强，在利益面前心系家国，胸襟博大提携后人。

作为一个科研工作者，不仅要知识多，而且要人品好；不仅要出科技成果，而且要体现科学精神和科学道德。只有这样，才配当一个科研工作者，也才能当好一个科研工作者。

——袁隆平

袁隆平——“杂交水稻之父”

在物质生活日益丰富的今天，下面的场景你可能想都没想过：有人在冬天的夜里被饿醒，听着肚子咕噜咕噜的叫声挺到天明；草根树皮被研究出各种吃法，只是为了填饱肚子；道路边、田埂间、大桥下，常有人因吃不饱饭昏厥晕倒，甚至有人死于饥饿……

在这关键时刻，一位“神农”捧出了拯救世界性饥饿的法宝——杂交水稻，世界刮起了一股来自中国的“绿色旋风”。

这位“神农”就是“杂交水稻之父”——袁隆平。

袁隆平对于中国人民和全人类的巨大贡献，不仅是物质层面的成就，更重要的是他身上的精神，一种献身科学矢志不渝的精神，一种他毕生坚守并引领他走向成功的科学创新精神，一种彰显着中华民族之魂的中国科学家精神。

踏出梦想的第一步

1953 年秋，袁隆平从西南农学院毕业，被分配到偏远的湖南安江农校，开始了他从事农业科学技术教育和研究的生涯。

有天傍晚，袁隆平借宿的农家的主人向福财背着一口袋谷子风尘仆仆地回到家里。袁隆平问他：“这谷子哪里来的？”

“从八面山换来的谷种。听说这种子好，能增产。”

“啥种？”

“南特号。”向福财叹了口气，“袁老师，听说你正在搞科学试验，你一定会为我们培育出新的稻种吧！如果研究出能增产的稻种，亩产 400 公斤、500 公斤、1000 公斤，那该多好啊！我们就可以战胜饥荒，苦日子就可以结束了。”

向福财的话语意味深长，它代表了亿万人民的心声和愿望。“改良品种，战胜饥饿”，有着多么重要的意义啊！

怎样才能使人们不挨饿呢？袁隆平为此深深思索。我国是世界上最大的产稻国之一，水稻种植面积占播种面积的 30%，水稻产量占粮食总产量的 40%。在世界范围内，约有一半人口以大米为主食，有 90 多个国家种植水稻。这就是说，进行水稻的科学研究还具有世界意义。

从此，袁隆平踏上了艰辛的探索之路。

水稻是自花授粉作物，杂交有没有优势？这种优势能否为人类所利用？袁隆平就是向着这样的问题发起了挑战。

1960 年春天，袁隆平在他那半亩试验田里，把稻种播下去，几天以后秧苗出水了，绿莹莹、嫩生生的，向他伸展着嫩绿的小手，可爱极了。他看着它们一天天长大，而后为它们一个个安家，目睹着它们拔节、分蘖、抽穗，由嫩绿变为深绿……

他认真地观察着每一株水稻的生长，一次偶然的发现，使得他的眼前一亮——他发现了一株“鹤立鸡群”的水稻。俏丽而挺拔的株形，手掌般的稻穗，那样生动、那样鲜活地呈现在他的眼前。他发现了它，如同发现了一座金矿，真是快活极了！

他将这“鹤立鸡群”的稻株结出的170粒稻种精心收集起来，次年，播种在瓦罐的培养土里，栽插在窗前的试验田里。他看着它们一天一天地生长，如同注视着共患难的手足兄弟，感到一种心灵相通的愉悦。

然而，结果却令他大失所望。那株原本优势很明显的种苗，其后代的性状竟然发生了分离，没有一株赶上它。秧苗长势七长八短，抽穗后穗短粒小。袁隆平凝视着变异的稻株，突然眼睛一亮，灵感顿时涌上心头：那“鹤立鸡群”的稻株，是品种间的杂交优势现象，很可能是一株天然杂交稻的杂种第一代！

袁隆平做出这一判断后，便开始对那些变异的植株进行仔细的调查和思考：也许第一年选育的那株天然杂交稻并非纯种，所以，第二年出现了性状分离。倘若按那株杂交稻的产量来推算，那么，亩产可以达到600公斤，这便是水稻杂交的优势。

水稻杂交有优势，这是袁隆平从实践中得出的一个突破性的结论，是具有划时代意义的结论！

就是从这株天然杂交稻开始，袁隆平提出了一个重大的科研命题：要在实践中学会利用水稻的雄性不育系，学会利用水稻的杂交优势。

不久，袁隆平设计的一整套培育人工杂交稻的方案诞生了。他准备先培育不育系、保持系和恢复系，然后通过“三系”配套进行循环杂交，完成不育系繁殖，进行杂交制种并用于大田生产。

永不停息的探索之路

袁隆平曾经做过一个梦。他梦见自己培育出一株超级杂交水稻，秸秆像高粱一样高，稻穗像扫把一样大，结出来的谷粒跟葡萄似的一串串的。他还梦到自己和朋友一块儿在稻田里散步，在水稻下乘凉……

做梦容易，把梦转变为现实却需要付出大量艰苦的劳动。他决心努力发挥自己的才智，用学过的专业知识，尽快培育出高产的水稻新品种，让粮食大幅度增产，用科学技术来战胜饥饿。

1964年，袁隆平正式开始他的水稻杂交试验。可是不久，“文化大革命”便开始了。

袁隆平所有搞试验的坛坛钵钵全被砸得稀巴烂，心爱的秧苗不是被折成几截，就是与湿泥污水搅拌成一团。面对这种惨景，他落下了伤心的泪水……所幸的是，他的两个忠实支持者藏了4钵试验秧苗。对这劫后余生的4钵秧苗，袁隆平倍加珍惜。到1968年，这4钵秧苗已发展成4分秧田了。

为了照顾这得来不易的“秧宝宝”，袁隆平像慈母似的守护在秧田边。然而，就是他视为生命的4分秧田，在一个星期天的早上，还是被扫荡一空。袁隆平来到试验田边，像疯了似的在狭窄的田埂上走来走去，狂奔乱跑。当走到一口深井旁，像发现了什么，他把衣服一脱，“扑通”一声跳了下去——原来那里面有几棵秧苗。

在党的亲切关怀和各方大力协作下，三系杂交水稻配套成功了！袁隆平为之奋斗 9 年的目标终于实现了！只有三系配套成功，才能生产出大量杂交种子。

虽然三系配套成功，但是袁隆平还得继续奋斗，因为科学研究的目的在于应用。袁隆平又带领人马投入再越优势关和攻克制种关的战斗。1970 年，袁隆平的助手李必湖在海南发现一株花粉败育的雄性不育株野生稻后，他们找到了突破三系配套的关键。

在接下来的 40 多年里，袁隆平全身心致力于杂交水稻的培育，先后研究出一系列具有先进水平的制种技术。从 20 世纪 70 年代开始，袁隆平的科研成果广泛传播，迅速转化为生产力，水稻产量从平均亩产 300 公斤左右先后提高到 500 公斤、700 公斤、800 公斤、900 公斤，甚至达到 1000 公斤的超级稻攻关目标。

2017 年 10 月 15 日，袁隆平及其团队培育的超级杂交稻品种“湘两优 900”又创纪录，平均亩产达到 1149.02 公斤，即每公顷 17.2 吨！

2020 年 11 月 2 日，在湖南省衡阳市衡南县清竹村进行的袁隆平领衔的杂交水稻双季测产达到了亩产 1530.76 公斤，其中早稻 619.06 公斤、第三代杂交水稻晚稻品种“叁优一号”911.7 公斤，实现了“1500 公斤高产攻关”的目标！

淡泊名利的老人

在袁隆平的办公室里摆满了各种各样的奖牌和证书。但这样一个已经成功的老人还是坚持奋斗在科研第一线。每年一到冬天，他都要到三亚基地去。

有一次，在爬田埂时，旁边的助手想扶他一把，却被他一手挡开了：“你以为我老了啊，我蹿田埂比你们年轻人还快呢！”

袁隆平成名后仍然喜欢过自在随意的生活。偶尔逛街，看到便宜的衣服，他都先在自己身上比试一下，再在助手身上比试一下，然后买一大堆衣服，回来一人发一件。到香港中文大学去做报告时，他就扎了一条临时在街边花 10 元港币买的领带。

为了表彰他的杰出贡献，联合国教科文组织奖给他 1.5 万美元，他全部拿出来，设立了一个杂交水稻基金，专门奖励有成就的科技工作者。

袁隆平，一个从农村走出来的孩子，凭着自己不懈的努力与大胆的实践，在水稻培育方面为中国、为亚洲、为世界做出了卓越贡献。他被称为“杂交水稻之父”，被评为中国工程院院士……但这一切荣誉都没有改变他，他依然带领他的团队行走在田间地头，为杂交水稻研究事业不懈地奋斗着。

【阅读关键词】献身科学、坚持不懈、引领创新

【成长启示】一个人即使有再高的天赋，想取得成就，也离不开坚强的意志、不懈的探索和勇于创新的精神。

磊落光明向秀丽，扶危定倾争毫厘。一身正比泰山重，风格如斯世所师。

——林伯渠

向秀丽——“人民英模”

走进广州市银河烈士陵园的烈士纪念馆，你会看到这样一幅油画：火海深处，向秀丽拼尽全力向烈火扑去，用身体挡住了来势凶猛的火流。画面中所表现的情景距离今天已近60年，但人们永远不会忘记她。

59年前，一个年轻的生命告别了何济公制药厂，也告别了她无比留恋的世界，却留给世人宝贵的精神财富。

今天，让我们从一个个小故事中去了解、追忆她，人民英模——向秀丽。

一场大火　英雄逝去

1958年12月13日晚上，在何济公制药厂4楼的化工车间里，向秀丽和另外两个年轻的女工罗秀明、蔡秋梅正在加班赶制化学药剂“甲基硫氧嘧啶”。当时，罗秀明正准备把一瓶净重25公斤的无水酒精倒入量杯，向秀丽见她提得很吃力，就赶紧去帮忙。一杯、两杯……一开始，她们配合得很默契。但就在向秀丽开始倒第三杯时，越来越倾斜的瓶身突然失去平衡，掉在地上摔得粉碎。

顿时，20多公斤的酒精倾泻出来，流向车间内10个火红的煤炉。一接触到煤炉的热气，酒精瞬间燃烧起来，车间内顿时变成了一片火海。更可怕的是，7桶60公斤重的用煤油浸着的金属钠就放在离酒精倾泻处不到4米的地方！要知道，金属钠遇水或者高温就会立即爆炸。到那个时候，不仅整个工厂毁于一旦，还会殃及附近的商铺、居民楼和学校。

在危急关头，向秀丽拼命地用帽子和围裙扑打酒精，阻止火势蔓延。大火烧毁了她的帽子和围裙，向秀丽想都不想，直接伸出双手，阻挡酒精流向金属钠。此时，向秀丽的鞋、衣裤、头发都着了火，手也烧焦了！女工蔡秋梅失声惊叫：“阿丽，你身上着火了，快走吧！”她急忙冲到向秀丽身边，要为她扑灭身上的火。向秀丽一把推开她，大声说：“别管我，快去叫人救火！”

火流仍在迅速蹿动，金属钠已经燃烧冒起了白烟，向秀丽拼尽全力扑在地上，用自己的身体挡住来势凶猛的火流……

闻讯赶来的工人们最终扑灭了大火，但向秀丽的下身却被严重烧伤，双腿僵直无法弯曲，膝盖几乎可以看见骨头。

躺在医院里，向秀丽昏迷了三天三夜后，渐渐清醒过来。睁开眼睛，她说的第一句话就是：“金属钠有没有爆炸？工厂有没有损失？罗秀明有没有受伤？”

当向秀丽的妈妈去探望女儿时，她用虚弱的声音安慰妈妈：“没有烧到工厂，我就安心了。”向秀丽不止一次对前来探望的丈夫说：“你怎么还不上班？不要常来看我，开车时不要为想我而思想开小差，免得发生事故。”当她知道单位正在全力抢救她，有几百人排着长长的队伍要求为她输血、捐皮时，她说："大家这样关心我，我用什么来报答呢？"

虽然医院全力抢救，但最终未能挽救向秀丽的生命。1959 年 1 月 15 日，26 岁的向秀丽永远地闭上了双眼。

一份执着　坚定不移

1933 年，向秀丽出生在广州一个非常贫困的工人家庭，她 9 岁给地主当婢女，每天起早摸黑，干农活、放牛，还要挑水、煮饭，常常遭受地主婆的毒打。11 岁时她离开地主家，靠给人担米、洗衣服，给火柴厂装火柴获得微薄收入，帮家里分忧。向秀丽的童年充满了苦难与艰辛，但也正是这段艰难的岁月铸就了她不惧困苦、坚忍不拔的精神。

1948 年，向秀丽进入广州和平制药厂做临时工。药厂里的工作十分辛苦，但向秀丽从未埋怨过一句。

1952 年，中国共产党派出工作队到她做工的和平制药厂做群众工作。经过工作队的启发和教育，向秀丽认识到共产党是为人民谋幸福的。于是，她第一个申请加入工会。入会后，她又积极发动厂里的工人入会，使创建工会的工作很快开展起来。有人曾斥责向秀丽说："你要加入工会，那你一个人参加好了，不要带坏别人！"她当场反驳道："怎么是我一个人的事情？我们工人阶级就应该团结起来！"

担任工会干部后，常常要占用生产时间做工会工作，她的工资由每月 40 多元降为 20 多元。上级领导要照顾她，她却坦然地说："工会工作是为大家的，多困难也得做好。我的工资虽然减少了，但总比之前好多了呀。"

向秀丽平时很爱看书，她还把《把一切献给党》和《钢铁是怎样炼成的》推荐给青年工人学习。向秀丽从书中读到了卓娅、保尔、吴运铎等人的

火海深处，向秀丽拼尽全力向烈火扑去，用身体挡住了来势凶猛的火流……

故事，从这些英雄人物的身上受到了深刻的教育。她决心要向他们学习，把自己的青春献给祖国。不久，她就加入了共青团。

在党、团和工会组织的培养、教育下，向秀丽迅速地成长起来。1956年公私合营后，和平制药厂并入何济公制药厂，向秀丽成为一名包装工人。不久，工厂里决定使用有强烈爆炸性的原料金属钠来研制一种叫“甲基硫氧嘧啶”的新产品。党支部决定调向秀丽参加试制工作，工作的危险性不言而喻，但她毫不犹豫地接受了。从包装工转为制药工，需要学习相当复杂的制药技术，这对只上过三年夜校的向秀丽来说，是非常困难的。但她苦心钻研，虚心请教，只用了一个多月时间就初步掌握了各种操作规程。由于当时全市大搞钢铁运动，抽调部分工人去支援炼铁生产，制药厂人员减少了，任务增多了。在这种情况下，向秀丽带头搬到工厂里来食宿，并和另一个女工罗秀明担负起原来三个人的工作。她们出色地完成了任务，获得了优胜红旗奖。向秀丽还先后两次被评为季度优秀工作者和先进生产者。

一种精神　永放光芒

在住院治疗期间，向秀丽用常人难以想象的意志力忍受着病痛的折磨。护理过她的医生和护士由衷地感叹：“这是一个多么坚强的人啊！”

每次除腐肉、植皮、输血、注射，医护人员心疼得都不忍心看她的脸。伤面只要一被触动，就比刀割还要痛，有时实在忍不住，她就叫医护人员打开留声机，让歌声淹没自己微弱的呻吟。

医院在除夕之夜举行了一场晚会，向秀丽听到舞曲声，就对医生、护士说：“过新年啦，你们跳舞吧。我现在起不来，等我将来好了一定跟你们跳。”当大家跳起舞、唱起歌时，向秀丽也高兴地唱了起来。在她生命的最后一个早上，她凝望着窗外透进来的阳光，满怀希望地问：“医生同志，我还有几天能下床走路？再过几天能出院工作呢？”护理过她的医护人员都说：只有共产党员，才能有这样坚强的意志和乐观的精神。

虽然经过33天的全力抢救，但是这位坚强的战士、党的好女儿，终因伤势过重而牺牲了。在她停止呼吸的最后一刻，她用十分微弱的声音，叮嘱丈夫说：“要相信党和国家，做对党和国家有意义的事情……”

在这场严重的事故中，向秀丽全身严重烧伤：上衣烧得只剩下衣领，外裤只剩下裤头和左边的口袋，全身皮肤除了颈部以上和裤带部分外，全都烧伤了，双腿和左手的肌肉烧得焦黑。当人们在“向秀丽同志事迹展览会”里看到她被烧毁的衣裤和她烧伤后的照片时，都不禁热泪盈眶。

向秀丽，一名优秀的中国共产党党员，为了抢救国家财产和人民生命而英勇献身，她用短暂而又绚丽的青春闪射出无比璀璨的光华。向秀丽是我们的楷模，她爱岗敬业、舍己为人的崇高革命精神，永远值得我们学习。

【阅读关键词】执着、坚强、乐观

【成长启示】为了国家的利益，为了他人的安全，不惜奉献生命，一个平凡的人，也可以让我们永远铭记。

她是一团火焰，一块磁石。她的“为人民服务”的一生，是极其丰满充实地度过的。她从来不想到自己，她把自己所有的技术和感情，都贡献倾注给了她周围一切的人。

——冰心

林巧稚——落入凡间的天使

“她终身未婚，却拥有最博大的爱；她没有子女，却是最富有的母亲。”她没有婚姻，没有孩子，守着一家医院，一守就是60多年。她是母亲和婴儿的守护神，被人尊称为“万婴之母”“生命天使”。她就是林巧稚，落入凡间的天使。

走上这条路

1901年，林巧稚出生于厦门鼓浪屿。父亲林良英是一名教师，从事教学和翻译工作。他思想开明，不重男轻女，认为女子也应该培养成才。

母亲在林巧稚5岁时因患子宫癌病故。林巧稚永远忘不了那个夜晚的台风和海浪，永远忘不了母亲去世时痛苦的表情。母亲的离去在幼小的林巧稚心中种下了一颗种子——成为一名医生。

林巧稚7岁进入学堂，开始了她的学习生涯。从小她便学习勤奋，是一个出类拔萃的学生。她从厦门女子师范学校毕业后，本可以做一名人人羡慕的教师，但是她想继续读书，想成为一名医生，在乱世中医治和拯救千千万万被病痛折磨的人们。

1921年夏，林巧稚独自乘船去上海报考北京协和医学院。林巧稚没有出过远门，一路上新鲜和不安如影相随。而临行前父亲那句“不为良相，当为良医”的教诲更是一直萦绕在耳边，让她心中更多了份沉重。

7月的上海酷热难耐，考场上的林巧稚奋笔疾书，因为她知道这次考试只招收25人，她只有全力以赴才能进入这所她梦寐以求的大学。忽然，安静的考场有些躁动，一名女学生中暑晕倒了！监考老师因为是男士而不方便施救，只能差人联系考场外她的家人。

这时，林巧稚站了出来，她迅速把中暑的考生安置在阴凉处，随手解开她的领扣，喂她喝水，让她吃下仁丹……女生终于苏醒，周围的人都长舒了口气。林巧稚仅用10分钟就处理好了这起突发事件，但等她再回到考场时，考试时间已经结束，而她最拿手的英语试卷没有做完！她闷闷不乐地坐上返回厦门的火车，没有了初来上海时的兴奋和喜悦，有的只是和梦想失之交臂的惆怅。然而就在林巧稚回家一个月后，她却意外地收到了协和医学院的录取通知书！原来，她在考场救人的出色表现被协和医学院的一位领导看到，他认为除了考试成绩外，她已然具备了一名医生的优秀品质——爱心和沉着。

协和医学院对学生的要求是相当严苛的，成绩75分以上才算及格，一门主课不及格就要留级，两门主课不及格就要被开除，没有补考和商量的余地。林巧稚认为，只有更加刻苦地学习，才能最终实现自己的医生梦。此后，无论夜阑人静，还是黎明微曦，人们总是能看见林巧稚窗下苦读的身影。

1929年毕业时，一同入学的25名同学只剩下16人。林巧稚的成绩始终在班里高居榜首，并获得协和毕业生的最高荣誉“文海奖学金”，是协和历史上第一个获得该奖项的女学生。

走好这条路

1929 年，林巧稚终于成为协和医院妇产科的第一位中国女医生。她不仅医术高明，她的医德、医风、奉献精神更是有口皆碑。

一天深夜，林巧稚完成例行查房后，准备回值班室休息。突然，急诊的灯亮了！她迅速跑到急诊室，看到病床上躺着一名 20 多岁的女子，面色苍白，皮肤湿冷，已经处于半昏迷状态。通过家人的描述和初步的检查，林巧稚判断病人为宫外孕，需要马上手术，否则会有生命危险。没有片刻迟疑，她一边通知立刻准备手术，一边给主治医生打电话，可是电话里传来的却是阵阵忙音。挂断电话，林巧稚看着病床上危在旦夕的病人，突然冷静下来了。“我是医生，眼下能做的就是全力去抢救！”此时的林巧稚还只是一位助理住院医生，没有做手术的权力，但是她却和在上海的考场上一样，又一次把自己的前途和命运抛在一边，毅然走向了手术台。

无影灯下，林巧稚站在手术台前，全神贯注，眼睛里心里都只有这位病人……清创、整理、缝合、包扎，一切都进行得有条不紊。血压回升，体温回升，脉搏逐渐恢复正常，病人的生命体征又重新活跃起来。

1932 年，林巧稚获得到英国伦敦妇产科医院和曼彻斯特医学院进修深造的好机会。第一次进修学成回国后，林巧稚将自己所学奉献给妇产科事业。1939 年，她再次远渡重洋，到美国芝加哥大学医学院进行为期一年的学习深造，回国后即升任协和医院妇产科主任，成为该院第一位中国籍女主任。

林巧稚曾说：“我一生最爱听的声音就是婴儿的第一声啼哭，这些哭声让我感受到生命的奇妙，感受到作为医生的自豪，也体会到作为母亲的快乐。”她在产房里度过了60多个春秋，亲手迎接了5万多个小生命来到人间。

1941 年，协和医院被迫关闭，林巧稚和她的同事全部被遣散。为了那些急需帮助的妇女和婴儿，林巧稚在北京东堂子胡同里租了几间房子，开办私人诊所。她每天穿街走巷，迎接着一个个新生命、新希望的降临。当时来诊所看病的多半是没钱到医院就诊的穷苦人。林巧稚有一个特殊的就诊包，里面总备着现钱，对贫病交困的人家，她不收分文药费，还予以资助。

一个下着细雨的黄昏，诊所门外传来急促的拍门声。林巧稚刚打开门，一个浑身湿透的男子就上气不接下气地向她求救："快，快……家里的不行了……"林巧稚没等他讲完，就赶紧拿起就诊包和该男子冲入滂沱大雨中。到了那人的家里，林巧稚立即对躺在撤去炕席的光炕上的孕妇进行诊断，诊断结果为难产。林巧稚迅速采取救护措施，经过一阵紧张的忙碌，孩子终于出生了。

林巧稚长长地舒了口气，疲劳的她想坐下歇会儿，却发现这户人家竟然没有凳子，一贫如洗。看到这样的情形，林巧稚默默打开了自己的就诊包，拿出了几张钞票放在炕头，说道："她太辛苦了，你给她买点吃的补补。"没等那家人反应过来，林巧稚已经消失在了茫茫雨夜中。

抗日战争胜利后，协和医院恢复，林巧稚重新回到医院。从此她的工作热情更高了。她经常带领医务人员深入农村、城镇考察妇女和儿童的健康状况。为了降低我国婴儿的死亡率、防治妇女宫颈癌，她开展相关研究工作，撰写了妇幼卫生科普读物《家庭卫生顾问》等书。为了治疗新生儿溶血症，林巧稚邀请专家座谈研究，终于创造出用脐静脉换血的医疗方法……

林巧稚带出很多优秀的实习生，并经常教育他们："当一个医生，首先要知道责任重大。产妇或者病人进了医院，就把她的整个生命交给了我们，我们要把她们当成亲姐妹，从每件细微的小事做起，体贴和关怀她们……"

每次查房，林巧稚那镇定的目光、温柔的微笑、轻缓的手势和平和的语调，仿佛是一缕阳光，总能让产妇们紧张的心情平静下来。她每次用听诊器都会先在手掌里暖热后再伸向患者；她每一次病床前的询问，都是对患者的慰藉。她没有做过母亲，但她用伟大的爱心和博大的情怀保护着妇女的健康，迎接着一个个小生命的诞生。

走完这条路

林巧稚一生为事业奋斗，将医生救死扶伤、造福病人的天职演绎到了一个新的境界。

由于长时间的超负荷工作，林巧稚病倒了。这位一直在为保障妇女儿童健康而奋斗的医学家躺在病床上，却依然没有停止工作——她耗时整整 4 年完成《妇科肿瘤学》的撰写。

1983 年 4 月 22 日清晨，在妇产科忙碌了大半辈子的林巧稚在昏睡中发出呓语，急促地叫喊：“产钳，产钳，快拿产钳来！”过了一会儿，她的脸上露出一丝微笑：“又是一个胖娃娃，一晚上接生了 3 个健康的娃娃，真好！”这是“万婴之母”林巧稚留下的最后的话。

把平生积蓄的 3 万元捐献给首都医院幼儿园、托儿所，把遗体捐献给医院作医学研究用，把骨灰洒在故乡鼓浪屿周围的海面上——这是林巧稚的遗嘱。

【阅读关键词】爱岗、敬业、仁爱

【成长启示】一个人必须要有自己的人生目标，要能够为实现目标付出不懈的努力，更要能够将自己的全部都奉献给自己所热爱的事业。

我在美国前三四年是学习，后十几年是工作，所有这一切都在做准备，为了回到祖国能为人民做点事——因为我是中国人。

——钱学森

钱学森——“导弹之父”“火箭之王”

2015 年 9 月 3 日，纪念抗战胜利 70 周年的阅兵式上，威武的中国人民解放军二炮部队的各式导弹（包括核导弹）隆隆驶过天安门广场。这一刻，全世界都看到了中国强大的军事实力。没有强大的导弹部队，就没有当代中国的大国地位。被誉为“导弹之父”“火箭之王”的钱学森，为我国的导弹研制做出了巨大的贡献。

钱学森不仅是中国首屈一指的火箭专家、导弹专家，而且是中国航天事业的拓荒者和奠基人。钱学森首创了三个词：导弹、航天（在地球大气层以外，太阳系范围内的航行活动）和航宇（冲出太阳系，在银河系乃至河外星系的航行活动）。

二十年远渡重洋

1934 年，钱学森毕业于上海交通大学机械工程系，考取了清华大学公费留学。其实，钱学森原本打算毕业后成为一名优秀的工程师，设计和制造大批优质的机车，发展祖国的交通事业。但是，“九一八”事变之后，大批日本轰炸机掠过中国上空，掷下成千上万的炸弹，他深刻地意识到，中国要战胜日本侵略者，不光要有英勇的军人，还需要强大的空军。从此，他转向“航空工程”的学习。

1935年8月的一天，钱学森从上海乘坐美国邮船公司的船只离开祖国。黄浦江浊浪翻滚，望着渐渐模糊的上海城，钱学森在心中默默地说：“再见了，祖国。你现在豺狼当道，混乱不堪，我要到美国去学习技术，他日归来为你的复兴效劳。”

钱学森到美国后进入麻省理工学院航空系学习，成绩一直名列前茅。一次，一个美国学生当着钱学森的面耻笑中国人抽鸦片、裹脚、愚昧无知，钱学森立刻向他挑战——我们中国作为一个国家，暂时是比你们美国落后；但作为个人，你们谁敢和我比？比期末时谁的成绩好！美国学生听了他的话，都吐了吐舌头，再也不敢小看中国人了。钱学森确实非常努力，在麻省理工学院只花了一年时间，就戴上了飞机机械工程硕士的方尖帽。

根据麻省理工学院的办学宗旨，各学科、专业的学生都要到对口的工厂、科研部门实习。钱学森应该去飞机制造厂实习。可是，美国的飞机制造厂只准许美国学生去实习，不接纳外国学生。这种民族歧视是钱学森在美国遭受的又一次沉重打击。从此，钱学森的研究方向从飞机机械工程转为航空理论。

1936年10月，钱学森转学到加州理工学院。钱学森是慕名而来的。因为，坐落在洛杉矶市郊帕萨迪纳的加州理工学院航空系，有一位大名鼎鼎的空气动力学教授——冯·卡门。20世纪30年代初，航空科学还处于襁褓之中。冯·卡门当时是这一领域的顶尖人物，后来被誉为“航空航天时代的科学奇才”。

冯·卡门抬头仔细打量着这位仪表庄重、个子不高的年轻人，他提出几个问题让钱学森回答，钱学森稍加思索便非常准确地回答出所有问题。冯·卡门暗自赞许：这个中国人的思维敏捷而又富于智慧。他高兴地收下了这位学生。

正当钱学森在航空理论——空气动力学上屡建奇功的时候，他的研究方向又一次开始转移，那就是转向了火箭。

钱学森怎么会研究起火箭来呢？因为冯·卡门受命主持美国火箭、导弹的研制工作。作为冯·卡门得力助手的钱学森，也就把研究的重点转向火箭、导弹。时势造英雄，第二次世界大战把钱学森推上了世界一流的火箭专家、导弹专家的位置。

1935—1955 年，这一时期正值世界航空航天技术突飞猛进、人类征服太空从理想逐渐变成现实的重要阶段。钱学森凭着对科学事业的热爱和执着，为美国早期火箭研制、世界航空航天与火箭技术的发展做出了杰出贡献。

五年沧桑归国路

“我一直相信，我一定能够回到祖国的，今天，我终于回来了！”这是钱学森到达广州时，对接待他的中国科学院科学家代表朱兆祥同志所说的一句万分感慨的话。同他一起回国的还有他的夫人和两位幼儿。

当中华人民共和国诞生的消息传到美国后，钱学森和夫人蒋英按捺不住内心的喜悦，商量着如何早日回到祖国，为自己的国家效力。然而，钱学森准备返回中国的决定引起美国有关方面的恐慌！美国海军部长恶狠狠地说：“钱学森知道所有美国导弹工程的核心机密，他无论走到哪里，都抵得上 5

个师的兵力，我宁可把他击毙在美国也不能让他离开。”

从此，美国对他的政治迫害接踵而至。移民局抄了他的家，在特米那岛上将他拘留14天，直到收到加州理工学院送去的1.5万美金的保释金后才释放了他。后来，海关又没收了他的行李，包括800公斤书籍和笔记本。

钱学森在美国受迫害的消息很快传到国内，国内科技界的朋友通过各种途径声援钱学森。党中央对钱学森在美国的处境极为关心，中国政府公开发表声明，谴责美国政府在违背本人意愿的情况下监禁了钱学森。

经过周恩来总理等人不断的外交努力，1955年8月4日，钱学森收到了美国移民局允许他回国的通知。当年9月17日，钱学森梦寐以求的回国愿望终于实现了！

十年辛苦两弹成

钱学森说：“我是要建议我们国家搞导弹，这是很重要的军事武器，将来一定要大力发展！”

冲破重重阻拦回到祖国的钱学森一头扎进军事科学的研究中。他密切关注国外的科学动态，以自己在空气动力学、航空工程、喷气推进、工程控制、计算机等领域的丰富知识，为中国火箭、导弹和航天事业的创建与发展做出了杰出的贡献。

1956年初，钱学森提出《建立我国国防航空工业的意见书》。同时，钱学森组建中国第一个火箭、导弹研究机构——国防部第五研究院。他主持完成了“喷气和火箭技术的建立”规划，参与了近程导弹、中近程导弹和中国第一颗人造地球卫星的研制，直接领导了用中近程导弹运载原子弹“两弹结合”试验，参与制定中国第一个星际航空的发展规划，开创了工程控制论和系统学等研究。

1960 年 11 月 5 日，在钱学森的领导下，用工程控制论作为指导，用国产燃料发射的中国第一枚近程地对地导弹，准确命中目标。此后，科技人员再接再厉，进一步研究高能燃料，加大导弹的推力和速度。1964 年 6 月 29 日，改进型“东风二号”导弹发射成功。当年 7 月 9 日、11 日，两次发射“东风二号”导弹都获得成功。三发三中，这表明“东风二号”这一型号的导弹具备稳定的技术基础，可以投入批量生产。

从 1966 年起，“东风二号”导弹开始装备部队，成为第一种投入实战的中国自己设计、自己制造的中程地对地导弹。此后，中国不断扩大“东风”导弹家族。2015 年 9 月 3 日亮相于纪念抗战 70 周年大阅兵队伍中的东风 −16 常规弹道导弹、东风 −21D 反舰弹道导弹、东风 −26 弹道导弹、东风 −5B 洲际弹道导弹，就是“东风”导弹家族的新成员。

钱学森在带领中国的科学家研制地对地导弹的同时，也着手研制地对空导弹。1967 年 6 月，“红旗二号”地对空导弹设计定型，投入批量生产，开始装备部队。

原子弹 + 导弹 = 核导弹！ 1964 年 10 月 10 日，在国防科委大楼里，钱学森向聂荣臻汇报“两弹结合”的初步方案。钱学森是火箭专家、导弹专家，并非核专家。钱学森的贡献是让核武器跟导弹结合，制成威力无比的核导弹。核导弹的射程远，命中率高，而且难以阻挡。

核导弹的研制，对于核武器和导弹都提出了新的要求：核导弹是把原子弹安装在火箭上，这就要求原子弹必须小型化；核导弹也要求火箭加大推力，加强安全可靠性，尤其是要求制导系统提高命中率。第二机械工业部和国防部第五研究院通力合作，逐步解决这些技术难题。

1966 年 10 月 27 日，携带核弹头的中程导弹打靶试验在酒泉卫星发射中心（原中国导弹试验靶场）发射成功，9分14秒后，核弹头在距发射场894公里之外的罗布泊弹着区靶心上空569米的高度爆炸。“两弹结合”完全成功!

中国拥有“两弹”之后，下一个目标便是拥有“星”——人造地球卫星。人造地球卫星除了“星”本身之外，更重要的是火箭，以强有力的火箭把“星”送上太空。钱学森责无旁贷地承担了此任务。

1970年4月24日，中国成功发射第一颗人造地球卫星。卫星运行轨道的近地点高度439公里，远地点高度2384公里，轨道平面与地球赤道平面夹角68.5度，绕地球一圈114分钟。此后，中国一颗又一颗功能各异的人造地球卫星相继飞上太空。

1991年10月16日，国务院、中央军委授予钱学森国家杰出贡献科学家称号和一级英雄模范奖章。

【阅读关键词】爱国、奉献、创新

【成长启示】一个人无论做什么工作，都要认真负责，不怕脏，不怕累，不怕苦。

宁可少活二十年，拼命也要拿下大油田。我们争的不是自己的一面小红旗，我们要争的是全国这面大红旗。

——王进喜

王进喜——“铁人”

“铁人”是谁?

他就是20世纪五六十年代中国石油工人王进喜，一个堪称典范的人物。他为中国石油工业的发展和社会主义初期的建设做出了不朽的贡献，也为我们留下了宝贵的精神财富——铁人精神。

“铁人精神”是什么?

它是一面旗帜，凝聚着工人阶级的朴素情感；它是一种力量，凸显了一种坚忍不拔、艰苦创业的勇气；它更是一种标志，浓缩着一个民族不畏困难的英雄气概。

苦难童年，练就坚韧性格

1923年，王进喜出生在甘肃省一个贫苦的农民家庭。他的出生，对于40岁的父亲来说，是件天大的喜事。父亲按照家谱排辈，给他起名叫王进喜，希望他将来欢欢喜喜去上学，学到本领后重整家业。

王进喜6岁时，他的家乡遭受了百年不遇的大灾荒。小小年纪的王进喜不得不挑起了养家的重担。他用一根棍子领着双目失明的父亲开始沿街乞讨。但是，单靠乞讨难以维持生计，一家人常常是有上顿饭没下顿饭。除了养家糊口，还得想办法挣钱给父亲治病，王进喜不得不进了地主家，当起放牛娃。王进喜的童年就是在这样的艰难困境中度过的。

15岁那年，王进喜到玉门油矿当了一名童工。那时，他虽然年龄还小，却干着和大人一样的重活，还经常挨工头的打骂。当时，我国积贫积弱，科学技术落后，玉门油矿被美国人垄断了采油技术。王进喜在矿里干了十几年，没有上过一次钻台，没有摸过一次石油钻机的刹把。他只是一个干杂活的穷苦工人，甚至没有像样的铺盖卷，盖的是破羊皮，铺的是稻草。倔强和要强的他，不甘心就这样被压迫，时常奋起反抗，但也因此受到惩罚。带他的师傅经常帮助他，还给他讲骆驼“攒劲”的故事，告诉他要讲究斗争方法，培养“耐力”。正是这些苦难的经历，练就了他刚毅坚韧、坚强不屈的性格。

铁人精神，创造石油奇迹

工人们说：“不怕苦、不怕死、不为钱、不为名，一心为国家，一切为革命。”这就是“铁人精神”。王进喜就是这样的一个“铁人”，国家就是他的命，他一心为国，一心为他人，在他身上，找不出半个“我”字来。

王进喜为人坦诚率直。工作中他也曾犯过错误，但他勇于承认并及时改正。一次开大会，台上领导正在批评他们的射孔有错误，王进喜去得晚了，有人就提醒他快趴下，以躲过“一劫”。他却坦率地说：“戴红花的时候，你让我抢着往台上走；轮到挨批评了，你叫我悄悄趴下当狗熊？我决不当这个狗熊！”

王进喜热爱工作。当了领导之后，他很少坐在办公室里，而是一直坚守在一线。试验打直井的时候他亲自扶刹把，钻头卡住了，他亲自去提钻，因为他担心万一架子倒了，会把工人砸伤。他在现场累了、困了，就随手把老羊皮袄脱下来，和工人们挤一挤打个盹。工人们常自豪地说：“我们身上有多少泥，咱铁人队长身上就有多少泥。”

为了提高钻井速度，他和工人们一起改革游动滑车；为了打好高压易喷井，他和工人们一起研究改进泥浆泵；为了提高钻井质量，他和科技人员一起研制成功控制井斜的“填满式钻井法”。他还在多年的钻井工作中摸索出了一套高超的“钻井绝技”，能根据井下的声音判断出钻头的磨损情况。

1960 年，东北松辽石油大会战打响。王进喜带领他的钻井队到了萨尔图车站。一下火车，他不顾旅途奔波的疲惫，不问吃住情况，而是直接投入到了工作中，询问钻机到了没有，井位在哪里，这里的钻井纪录是多少，恨不得一拳头砸出一口油井来。在他的带领下，石油大会战在极端困难和恶劣的环境中展开了。

没有钻机怎么办？不要紧！王进喜带人把钻机运到井场，并和钻井队的同志们一起将它竖起来，投入工作。

没有吊车？没有拖拉机？汽车也不足？不要紧！可以用撬杠撬、滚杠滚、大绳拉的办法，四天搞定！

没有打井用的水怎么办？不要紧！附近的水泡子不是有水吗？可以破冰取水！没有大型工具运水怎么办？不要紧！可以用脸盆端、用水桶挑！

第一口油井终于胜利钻完 ，仅仅用了五天零四小时，创下打一口深井的最短时间纪录。油井打好了，可王进喜的腿却被滚落的钻杆砸伤了，他顾不上住院，腿缠着绷带，拄着拐杖连夜回到井场坚持工作。

王进喜身上体现出来的“铁人精神”，激励了一代代的石油工人。“铁人”不仅是工人阶级的楷模，更是一个为国家分忧解难、“独立自主，自力更生”、顶天立地的民族英雄。

接下来的工作更是困难重重。第二口油井发生井喷，没有重晶石粉，他当机立断用水泥来代替。没有搅拌机，水泥就会沉在泥浆池底，这怎么办？工作刻不容缓，王进喜顾不上腿伤，扔掉双拐，纵身跳进泥浆池，用身体搅拌泥浆来压井喷。在他的带动下，工友们也纷纷跳进去。经过三个多小时的奋战，井喷被制服，油井和钻机保住了！王进喜的身上却被碱性很强的泥浆烧起了很大的泡。

见王进喜整天领着工人们不分昼夜地干，饭做好了也不回来吃，房东赵大娘情不自禁地感慨："你们的王队长可真是个铁人哪！"自此，"铁人"的称号传遍了油田，传遍了神州大地。

在"五一"万人誓师大会上，王进喜还喊出了响彻神州大地的铮铮誓言——"宁肯少活二十年，拼命也要拿下大油田"。

在王进喜口号的激励下，在他忘我工作行动的带动下，轰轰烈烈的石油大会战很快取得了显著成果：大庆油田首车原油外运，大庆油田生产原油 97 万吨。"铁人"王进喜带领的钻井队为中国石油事业的发展创造了一个又一个奇迹。

一心为他，魂系石油事业

取得这么多好成绩，王进喜却从不居功自傲，始终保持着谦虚谨慎的作风，对工人及工人家属关怀备至，而对自己和家人却严格要求。

王进喜当了大队长和钻井指挥部副总指挥后，一切还如往常，从不以领导自居，也不搞特殊化。管理员要给他换一把新办公椅，他坚决不要，说有个板凳坐坐就不错了；给他发新劳保鞋，他说什么也不要，一直自己打草鞋穿。

王进喜家里共有十口人，弟弟、妹妹、子女都要上学。为了维持全家生计，王进喜委托母亲管账，还嘱咐要精打细算过日子。党委考虑到他家中人口比较多，他自己身体也不好，生活艰难，决定每月补助些钱给他。他拿着每月30元的“长期补助”，自己却从来不花，而是全都给了其他困难职工。

他的胃不好，上级为了照顾他，送来一些猪肝和苹果，他收到后立即分给了其他生病的工人。他患有严重的关节炎，上级就给他配了一台吉普车，他却把车用来给井队送料、送粮、送菜、拉职工看病，而自己的老母亲病了，坐自行车去卫生所。与他妻子同期来油田的家属多数已转成了正式职工，可他妻子却一直在队里做着烧锅炉、喂猪的工作。

廉洁奉公，毫无利己之心，甘当党和人民的“老黄牛”，这就是王进喜无悔的光辉人生。

1964年，他当选为第三届全国人大代表，出席了大会，并代表石油工人做了发言。开会回来，他一边参加劳动一边听取群众意见，解决工人的实际问题，成为大家的知心朋友。

那时，石油工人们的生活和工作条件都很艰苦。天冷时，工友们的工服不保暖，王进喜就到缝补厂做工作，建议缝补厂把棉工裤后腰加高加厚，给工人做皮背心和皮护膝保暖。住房和吃粮有困难了，王进喜就利用空余时间带领职工和家属自力更生，开荒种地，烧砖割苇，自己盖房，让工人和家属“吃饱肚子去会战”“回来有个暖和窝”。钻工的子女没有地方上学，王进喜就带领大家在大队机关附近支起一顶帐篷，建起了大队第一所小学——帐篷小学。后来，人们为了纪念王进喜，就把这所小学命

劳保鞋：一种对足部有安全防护作用的鞋。它的种类有很多，如保护足趾、防刺穿、绝缘、耐酸碱等。劳保鞋应根据工作环境的危害性质和危害程度选用。

名为“铁人小学”。

1970 年，在玉门召开的全国石油工作会议上，王进喜的胃病发作，疼痛难忍。后经检查确诊为胃癌，而且已经是晚期。病中的王进喜心里仍然挂念着油田的生产建设和广大职工家属的生活。他临终前，用颤抖的手取出一个小纸包，交给守候在床前的一位领导同志。那纸包里装的竟是他住院以来组织给他的全部补助款和一张记账单。他恳切地对领导说：“这笔钱，请把它花到最需要的地方去，我不困难。”在场的人无不为之感动。

1970 年 11 月 15 日，王进喜永远地离开了我们，年仅 47 岁。

王进喜一生心系钻井，魂系石油，为国争光，为民族争气。“铁人”，这个刻在历史丰碑上的名字，永远铭记在了世人的心里。他不仅是一个时代的标识，更在伟大的创业实践中成为整个国家和民族的精神脊梁。

【阅读关键词】爱国、创业、求实、奉献

【成长启示】“铁人精神”激励着我们将来也要做一个不怕苦、不怕累，不为名、不为利的人，一心为事业，一心为国家。

我不爱武器，我爱和平，但为了和平，我们需要武器。假如生命终结后可以再生，那么我仍然选择中国，选择核事业。

——邓稼先

邓稼先——“两弹元勋”

从1958年党中央下达指示，到1964年10月16日我国第一颗原子弹成功爆炸，历经8年的艰苦奋战。

从原子弹成功爆炸，再到1967年6月17日我国第一颗氢弹蘑菇云的升起，用两年零八个月实现了飞跃。

创造这个奇迹的核心人物就是我国著名的核物理学家，被人们称为“两弹元勋”的邓稼先。

两弹元勋：指邓稼先从原子弹、氢弹原理的突破和试验成功及其武器化，到新的核武器的重大原理突破和研制试验，均做出了重大贡献。

是他，把中国国防自卫武器引领到世界先进水平，增强了中华民族屹立于世界的自信心。

履行诺言　学成归来

邓稼先出生在安徽，从童年时期起，生活中充满了浓郁的书香气息。他的父亲邓以蛰是我国著名的哲学家和教育家，当时在北京大学任教。邓稼先出生后不久，母亲就带他来到父亲身边。

在父亲的熏陶和影响下，邓稼先小学时就读了四书五经，对接触到的世界名著产生了浓厚的兴趣，还在英文、数学等科目上学到不少知识。

从中学时代开始，邓稼先越来越喜爱数学和物理，后来在高他两届的杨振宁的帮助下，学习突飞猛进。1941 年，邓稼先考入西南联大的物理系。当时的西南联大物理系人才济济，有当时国内众多知名专家和学者，例如测得普克朗常数的叶企荪、对证实康普顿效应有贡献的吴有训、对证实正电子存在有过帮助的赵忠尧等，他们学识渊博，治学严谨。邓稼先读书的劲头比中学时期更足了，各个科目成绩都很优异。

1946 年，毕业后的邓稼先回到了阔别 6 年的北平，在北京大学担任物理系助教。这期间，他一面忙于教学工作，一面积极准备留学美国的考试。1947 年，邓稼先顺利地通过了考试，获得到美国普渡大学攻读博士学位的机会。

1948 年，在驶向大洋彼岸的航船上，一位好友对他说："中国的天快要亮了。"邓稼先听后笑了笑，说了这样一句话："将来祖国建设需要人，我学成后一定回来！"

由于在国内打下了坚实基础，邓稼先在美国的学习非常轻松，各门功课都很优异，还拿到了奖学金。三年的博士课程，邓稼先仅仅用一年零十一个月便修满学分，完成博士论文，顺利通过答辩。

1950 年，年仅 26 岁的邓稼先获得了物理学博士学位，被人们称为"娃娃博士"。他并没有被美国的优越生活和工作条件所诱惑，在获得学位后的第九天，他便毅然收拾行李登船，赶回当时百业待兴的祖国，实现了他两年前离开中国时的诺言——"我学成后一定回来”！

两弹爆响　释放光辉

回国后，邓稼先便全身心地投入到工作当中。他先是进入钱三强主持的中国科学院近代物理研究所，担任研究员，与于敏等人一起开展对原子核理论的研究。

1958年10月，邓稼先和一大批科学家被调去研究原子弹。他们到了北京郊区一片阳光普照的高粱地后，隐姓埋名，从中国的大地上“消失”了。起初，他们准备接受苏联专家的培训，但不久，苏联撕毁协议、撤走专家，邓稼先只好率领着28位平均年龄只有23岁的大学毕业生，开始了向神秘的原子王国的艰难跋涉。

作为核武器研究所理论部主任和中国原子弹理论设计的总负责人，他一面思考原子弹研制的主攻方向，一面办起了“原子理论扫盲班”。在扫盲班里，他亲自讲课、辅导，组织翻译外文资料，尽心尽力，不辞辛苦。

关于主攻方向，他最后正确地选定了中子物理、流体力学和高温高压下的物质性质三个方面，并运用算盘这样简单的工具进行繁重的数学计算。在原子弹总体力学的计算中，有个参数对探索原子弹原理有着决定性作用。为此，邓稼先带领一班青年人，夜以继日地计算、研究、探讨，最终用特性线法得出了与苏联专家结论完全不同的突破性结论。这个结论还得到了物理学家周光召的研究证实，成为指导原子弹研制的具有重大应用价值的关键性理论成果。

1964年10月16日，被永远铭记在了历史的书册中，中国第一颗原子弹顺利地在沙漠腹地炸响了。

原子弹研制成功后，邓稼先又接到了新的任务：率原班人马与从原子能所调入的于敏率领的研究队伍合作，开始氢弹理论设计。经过艰苦的奋战，他们仅用了不到一年的时间，就提交了被外国人称为“邓－于方案”的突破氢弹原理的方案。

1967 年 6 月 17 日，中国第一颗氢弹在罗布泊的上空爆响了。从原子弹到氢弹，法国用了八年，美国用了七年，苏联用了四年，而我们中国仅用了两年零八个月。他们为此付出的艰辛与努力，我们可想而知！

淡泊名利　舍生忘死

邓稼先留给我们的最大财富，莫过于他的崇高品质和近乎完美的人格。

邓稼先淡泊名利。为了神圣的工作，他甘愿隐姓埋名 28 年。这尘封的、近乎与世隔绝的 28 年，是日夜兼程的 28 年。他生前获得的荣誉很少，奖金更是少得可怜。原子弹试验成功获奖励 10 元，氢弹试验成功获奖励 10 元，除此之外，从 1964 年原子弹爆炸到 1985 年，他从未接受过一次奖励，也未领过一分钱奖金。他的无私，他的淡泊，让人深深地敬仰。

邓稼先不仅在科研院所里费尽心血，还经常到飞沙走石的戈壁试验场。1964 年 10 月，中国成功爆炸的第一颗原子弹，就是由他最后签字确定了设计方案。从第一次核试验起，他就采用亲临第一线的工作模式，率领研究人员在试验后迅速进入爆炸现场采样，以证实效果。

1984 年，邓稼先在大漠深处成功指挥了我国第二代核武器试验。可谁料这竟是他一生最后一次核试验，此时邓稼先的身体已被癌细胞严重侵蚀。

1985 年，邓稼先被强行安排住院治疗，再也没能走出医院。一年 365 天，他在医院住了363天，动了3次手术。363天里，他一直疼痛不止，止痛针从每天一针到一小时一针，全身大面积溶血性出血。即使是这样，邓稼先心系的还是中国的核事业，他思考的是如何和平利用原子能。

病榻上，他平静地说：“我知道这一天会来的，但没想到它来得这样快。”弥留之际，他用生命的智慧和最后一丝力气，与于敏合写了一份关于中国核武器发展的建议书，向祖国献上了一片赤诚。遗憾的是，他已经不能亲自去实现了……1986年，62岁的邓稼先走完了他的生命旅程。

邓稼先的一生都献给了中国的核事业，他使中国的核武器发展快步推进了十年，也使我国的核武器研制赶在国际全面禁止核试验之前达到了实验室模拟水平。

邓稼先逝世后，世界著名物理学家、诺贝尔奖获得者杨振宁，曾特地撰文悼念这位相交半个多世纪的挚友，指出：“邓稼先是中华民族核武器事业的奠基人和开拓者。”“邓稼先是中国几千年传统文化所孕育出来的有最高奉献精神的儿子。”

【阅读关键词】 爱国、执着、奉献

【成长启示】 一个人为了成功可以付出无比的艰辛，可以奉献青春甚至生命。只有艰苦奋斗，无私奉献，攻克一个个难关，克服一个个困难，才能成功。

我们共产党员无论在哪里工作都是党的干部。越是边远贫穷的地方，越需要我们为之去拼搏、奋斗、付出，否则，就有愧于党，有愧于群众。

——孔繁森

孔繁森——“人民的公仆”

在青藏高原，有一个光辉的名字，一夜之间誉满中华大地。

在阿里地区，有一种高尚的精神，感动和激励着千千万万中华儿女。

两次进入西藏，十年扎根雪域高原，他把自己的一腔热血和生命献给了青藏高原，在共和国历史上竖起了一座不朽的丰碑。

他就是人民的好公仆、好干部——孔繁森。

两次入藏 历时十载

1979 年，国家要从内地抽调一批干部到西藏工作，时任山东聊城地委宣传部副部长的孔繁森主动报名，并写下了“是七尺男儿生能舍己，作千秋鬼雄死不还乡”的条幅。他并非不知道西藏天高地远，并非不知道那里生活艰苦，并非不知道远离家乡和亲人意味着什么，但他更清楚地知道，这是祖国和人民的需要，这是党的召唤。

孔繁森第一次赴西藏工作，本来是作为日喀则地委宣传部副部长选调的，报到后，区党委见他年轻体壮、意气风发，决定改派他到海拔4700多米的岗巴县担任县委副书记。征询他的意见时，他回答得很痛快：“我年纪轻，没问题，大不了多喘几口粗气。”

那时，党的十一届三中全会刚刚开过，为了在农牧区推广家庭联产承包责任制，带领群众脱贫致富，孔繁森到一个乡试点，又把经验在全县推广。在岗巴3年，他几乎跑遍了全县的乡村牧区，每到一地就访贫问苦，宣传党的政策，和群众一起收割、打场、挖泥塘，与当地群众结下了深厚的情谊。在西藏工作3年，孔繁森深深爱上了这片壮丽、神奇的高原，深深爱上了这里的藏族人民。

1988年，几经工作调动的孔繁森已成为山东聊城地区行署副专员。这时，又一个严峻的考验摆在他面前。山东省再次选派进藏干部，组织上认为孔繁森在政治上成熟，又有在藏工作经验，便决定让他第二次赴藏工作。

孔繁森第二次进藏后任拉萨市副市长，分管文教、卫生和民政工作。任职期间，他跑遍了全市8个县区的所有公办学校和一半以上的乡办、村办小学，拉萨的适龄儿童入学率从45%提高到80%；全市56个敬老院和养老院，他走访过48个，给孤寡老人送去了党和政府的温暖；为了结束尼木县续迈等3个乡群众易患大骨节病的历史，他几次爬到海拔近5000米的山顶水源处采集水样，帮助群众解决饮水问题；了解到农牧区缺医少药的情况后，他每次下乡时都特地带一个医疗箱，买上数百元的常用药，工作之余就给农牧民群众认真地听诊、把脉、发药、打针。

1992年，拉萨市周边几个县发生强烈地震，孔繁森在羊日岗乡的地震废墟上，领养了3名藏族孤儿：12岁的曲尼、7岁的曲印和5岁的贡桑。

1992年底，孔繁森第二次调藏工作期满，西藏自治区党委决定任命他为阿里地委书记，这一任命意味着孔繁森将继续留在西藏工作。面对人生之路又一次重大选择，他毫不犹豫地服从了党的决定、人民的需要。他说："我们共产党员无论在哪里工作都是党的干部。越是边远贫穷的地方，越需要我们为之去拼搏、奋斗、付出，否则，就有愧于党，有愧于群众。"

踏遍阿里 一心为民

阿里地处西藏西北部，平均海拔4500米，被称为"世界屋脊的屋脊"。党的十一届三中全会以来，阿里发生了巨大变化，但由于历史和自然的原因，当地的经济发展仍比其他地区缓慢，群众生活仍比较贫困。

1993年春天，年近50岁的孔繁森赴任阿里地委书记。到达阿里的第二天上午，他不顾旅途劳累，召集各县县委、县政府的干部开会，听取汇报，并结合贯彻党的十四大会议精神，商讨如何发挥当地优势，探索适应社会主义市场经济体制的发展途径。随后，他又去看望和慰问驻当地的武警部队官兵。

不到两年的时间里，全地区106个乡他跑了98个，行程8万多公里，茫茫雪域高原到处都留下了他深深的足迹。经过对措勤、改则和革吉三个县的实地调查，孔繁森看到了当地蕴藏的巨大优势，即丰富的畜产品和矿产品资源。他兴奋地对同行的同志说："随着社会主义市场经济体制的建立，我国的经济必将进入一个新的快速发展时期，对原材料的需求将进一步增长。这对有着丰富资源的阿里来说，无疑是一个极好的发展契机。我们一定要抓住这个有利时机，加快阿里经济发展的步伐。"

在孔繁森的领导下，阿里经济有了较快的发展。1994年，全地区国民

孔繁森把西藏作为自己的第二故乡，十年辛劳，汗洒雪域，政绩卓越。他以真诚、善良、博爱的胸怀，投入到全心全意为人民服务中，以帮助别人为乐趣。

生产总值超过 1.8 亿元，比上年增长 37.5%；国民收入超过 1.1 亿元，比上年增长 6.7%。他为了制定把阿里地区的经济带上新台阶的规划，准备在最有潜力的边贸、旅游等方面下功夫。为此，他带领有关部门干部，到新疆塔城进行边贸考察。

1994 年初，正当孔繁森带领全地区人民为实现阿里大发展的宏伟蓝图而奋斗时，一场罕见的特大暴风雪席卷了阿里高原。事发后，孔繁森第一时间赶赴灾区现场，指挥救灾。他带队挨家挨户地走访灾民，分发救济粮和救济款。厚厚的积雪封死了道路，他们就用铁锹挖，用汽车碾。大家只有一个信念：尽快把党和政府的关怀送到灾区。

纷飞大雪中，小羊羔冻得哀叫，他看到一位藏族老阿妈把自己的衣服脱下盖在小羊身上。零下 30℃的严寒中，她那单薄的身子冻得瑟瑟发抖。刹那间，孔繁森的眼泪涌了出来，他转身回到车上，脱下自己的毛衣毛裤，将还带着体温的毛衣披在老阿妈身上。老阿妈激动得久久说不出话来。

阿里人民经过两个多月的艰苦奋战，终于战胜了这场罕见的雪灾。整个阿里地区没有冻死一个人，也没有饿死一个人，孔繁森却苍老了许多，黑瘦了许多，他的头发变得花白。他曾在日记中这样写道：“阿里的贫穷是我们的耻辱，带领群众致富是我们的天职。”

对待家人 心存愧疚

孔繁森是一个把党和人民的事业永远放在第一位的中国共产党党员，但他也同样深深地爱着他的亲人。

孔繁森是一个非常孝顺的儿子，在山东，平时只要工作不忙，他就会回家与母亲聊聊天，照顾母亲，替妻子分担一些家务。

他的母亲年纪已经很大了，长年瘫痪在床，生活不能自理。作为儿子，孔繁森多么渴望能够留在母亲身边，照料老人，尽些孝心，但他明白西藏人民更需要像他这样的党员干部。当组织上选派孔繁森第二次援藏时，他毅然服从了组织的安排。

“我是党的干部，服从组织安排。”当组织上询问他有什么困难时，他这样回答。其实，孔繁森心里十分清楚，家里真的有许多困难：自己的身体状况大不如前了；年近九旬的母亲生活不能自理；三个尚未成年的孩子正需要人照看；妻子动过几次大手术，体弱多病。自己这一走，全家的重担又要压在妻子一个人肩上了。他永远也忘不了第一次进藏时，有一次，妻子去地里刨地瓜，5岁的儿子没人照看，掉进地窖里爬不上来……一想到这些，孔繁森就觉得对不起妻子，对不起孩子，也对不起年迈的母亲。但他作为一个共产党员和干部，心里不只有小家，更有许许多多需要自己去照顾的老百姓之家。所以咽下愧疚，他选择了大家。

第二次援藏临行前，孔繁森默默地来到母亲跟前道别。他轻轻地梳理着母亲那稀疏的白发，贴在母亲的耳边，用颤抖的声音说：“娘，儿又要出远门了，要到很远很远的地方，要翻好几座山，过好多条河。”

年迈的母亲拉着他的手，舍不得他走：“孩子，不去不行吗？”

“不行啊，娘，咱是党的人。”孔繁森的声音哽咽了。

“那就去吧，公家的事不能耽误。多带些衣服和干粮，路上可别喝冷水……”

孔繁森抑制不住内心的感情，眼泪哗哗地流下来，双膝跪在地上，给母亲磕了一个响头。

就这样，孔繁森把博大、无私的爱献给了祖国和人民，把对家人的爱深深地埋在了心底。

不能陪伴亲人左右，更不能给予他们必需的生活条件，这也是孔繁森对家人永远的愧疚。孔繁森生活清贫得让人难以想象。1993年，妻子自己筹足往返路费去西藏探望了他。一向不愿麻烦丈夫的她由于看病，将返程的路费花光了，只好开口向孔繁森要钱。孔繁森东挪西借才勉强凑了500元，而当时回程机票是每人800元。妻子不忍他为难，就自己找熟人借钱返回了家。

对孔繁森来说，最大的遗憾就是忠孝不能两全，他无数次表示对不起母亲和孩子，对不起妻子。

1994年，孔繁森在去新疆考察途中，因车祸殉职，年仅50岁。人们在料理孔繁森的后事时，看到两件遗物：一是他仅有的8元6角钱；一是他去世前4天写的关于发展阿里经济的12条建议。这就是孔繁森留下的遗产，体现出一名共产党员的高尚情怀。

在孔繁森的葬礼上，悬挂着一副挽联，形象地概括了孔繁森的一生，也道出了藏族人民对他的怀念："一尘不染，两袖清风，视名利安危淡似狮泉河水；两离桑梓，独恋雪域，置民族团结重如冈底斯山。"

【阅读关键词】无私奉献、全心全意、艰苦奋斗

【成长启示】无论做什么事，心里都要装着他人，多为他人着想，把爱洒向需要帮助的人，自己也便收获了快乐。

顾客与售货员之间应该像亲人那样互相关心，像同志那样互相尊重，像战友那样互相支持。

——张秉贵

张秉贵——“特级售货员”

他的服务是“十个字”：主动、热情、诚恳、耐心、周到。

他的工作有“四个一样”：买与不买一个样，买多买少一个样，生人熟人一个样，本市外埠一个样。

他有“五个劲”：站柜台的精神劲、服务态度的热情劲、售货中的迅速劲、始终如一的持久劲、坚持不懈的虚心学习劲。

他就是被授予特级售货员和全国劳动模范称号的张秉贵。

“一抓准”“一口清”

1918 年，张秉贵出生于北京，11 岁便到纺织厂当了童工，17 岁到北京东单一家小有名气的杂货商店“德昌厚”当学徒。36 岁时，因多年积累的经商经验，他被当时新建的北京百货大楼破格录取，成为一名营业员。

在那个物资紧缺的年代，百货大楼每天都要接待大量来自全国各地的顾客，糖果柜台前经常排起长队。为提高售货速度，张秉贵开动脑筋，将每次售货分解为六个环节——问、拿、称、包、算、收，又练就了“一抓准”和“一口清”的过硬本领。这“一抓准”，指的是他一把就能抓准分量。假如顾客要半斤，他一手便能抓出5两。“一口清”，指的是非常神奇的算账速度。遇到顾客分斤分两买几种甚至几十种糖果，他也能一边称糖一边用心算计算。令人叹服的是，常常是顾客刚说出要买多少，他就报出应付的钱数。

在长期站柜台中，张秉贵还总结出了许多服务经验，如“接一、问二、联系三”的售货法。大致意思就是，在热情接待第一位顾客时，与第二位顾客打好招呼，用微笑及眼神同第三位顾客取得联系。如此一来，排队的顾客都能够耐下心来等待。为确保服务质量，他还给自己定下了三条守则：进入柜台就是进入战斗岗位，眼、耳、口、手、脚、脑同时开动，不得因任何原因懈怠；个人的麻烦事和不愉快的情绪不入柜台；以热对冷，化冷为热。

看张秉贵工作，也成了许多人的一种享受。有一位拄着拐杖的老人，经常来欣赏他售货。这位老人说：“我是个病人，每天来看看您站柜台的精神劲儿，为人民服务的热情劲儿，我的病也仿佛好了许多。”一位音乐家看他售货后说：“你的动作优美，富有节奏感，如果配上音乐，是非常动人的旋律。”

对张秉贵来说，他的工作不只在柜台。每逢休息日，当别人都休息的时候，他却蹬起自行车，来到有关工厂和研究单位，仔细了解糖果的有关知识。功夫不负有心人，他熟悉了各种糖果的特点，甚至对一些特殊的顾客也能做出恰当的推荐：消化不良的顾客，他建议买柠檬糖或咖啡糖；肝病患者，他建议买水果糖；嗓子不好的顾客，他便建议买薄荷糖……

30多年来，张秉贵累计接待顾客近400万人，从来没有与顾客红过一

张秉贵在平凡的售货员岗位上练就了令人称奇的“一抓准”“一口清”技艺和“一团火”的服务精神，成为新中国商业战线上的一面旗帜。

次脸，抬过一次杠，顶过一次嘴。在他心中，“顾客与售货员之间应该像亲人那样互相关心，像同志那样互相尊重，像战友那样互相支持”。在北京，有名扬全国的“燕京八景”，而他的售货艺术被人们誉为“燕京第九景”。他用自己心中的“一团火”，温暖着每一位顾客的心，成为商业战线上的一面旗帜。他的“一团火”精神成为王府井百货集团的企业精神：人文购物、人性服务，以顾客满意为宗旨。

燕京第九景：这是相对于“燕京八景”来说的。“燕京八景”又称“燕山八景”“燕台八景”，指北京的八处名胜古迹，即卢沟晓月、玉泉趵突、西山晴雪、琼岛春阴、太液秋风、金台夕照、蓟门烟树、居庸叠翠。

冰心颂为“一团火”

要问张秉贵为什么能在平凡的岗位上有如此强大的工作动力，能做出如此不平凡的贡献，还得从他的生活经历和遭遇说起。

张秉贵出生和成长于贫苦而艰难的旧社会。他是个地道的北京人，父亲也是一个售货员，在金山汽水公司工作。他们一家有八口人，六个兄弟姐妹，全靠父亲每月六块钱的微薄收入强撑着。这一点钱哪能养活这么一大家子啊！母亲含泪忍痛让张秉贵与几个兄弟姐妹到外面闯荡，自谋生活。

张秉贵干过很多活儿。8 岁时做过“打执事”的活计，就是哪家有娶亲的、出殡的，他都去跟班。10 岁时，他和哥哥一起去了天津一所地毯厂学绕毛线。因为年龄太小，绕出来的毛线总不达标，就被撵出了厂。后来他又回到北京，谋得一个织布厂学徒的工作。命运总是不济，正当他学到一点手艺的时候，织布厂遭了大火。他 17 岁来到德昌厚食品店当伙计，这一干就是 20 年。

1954 年，他被北京百货大楼录用。这一次次经历，点点滴滴的心酸与艰难，让张秉贵刻骨铭心，体会深刻：“真是新旧社会两重天，一个苦来一个甜呵！”

当有人问及他那百货大楼糖果部“一抓准”“一口清”的功夫是怎么练成的。张秉贵说：“干食品行当几十年，只要用心就能练成。”的确如此，张秉贵心中始终装着顾客、想着顾客，在百货大楼的 30 多年，腰板挺直地站在三尺柜台前，接待了近 400 万顾客，始终用微笑服务。

1978 年 7 月初的一天，烈日炎炎，前去采访张秉贵的冰心第三次来到百货大楼糖果部，只见柜台前人山人海，围着张秉贵买糖果。冰心没有打扰他，只是在旁边看着。张秉贵忙得不可开交，但始终镇定应对，热情服务。顾客要多少糖果，他都是一抓准。那么熟练，那么准确！在场的人不时鼓掌叫好！

后来，冰心的一篇名为《颂“一团火”》的报告文学，在社会上引起热烈反响。这篇报告文学的结尾是这样的：“让我们都来接过这一团火！让我们都来赞颂这一团火！”

【**阅读关键词**】兢兢业业、热情服务

【**成长启示**】人永远是社会的一分子，不管在什么岗位、扮演什么角色，都要做出自己的贡献。不管从事什么职业，都要做最真最好的自己，不断历练和积累，这样才能成功。

真正的科学精神，是要从正确的批评和自我批评发展出来的。真正的科学成果，是要经得起事实考验的。

——李四光

李四光——“中国地质先驱”

他首创了地质力学。

他以独到的见解成功指导了我国的找矿工作。在他的理论指导下，我国相继发现了大庆、胜利、大港等重要油田。

他先后破除了“中国无第四纪冰川”和“中国贫油”的“洋神话”，在地震地质领域也卓有建树，还为“两弹”的研发做出鲜为人知的贡献……

他就是我国杰出的地质学家——李四光。

求学之路

1889年，湖北黄冈的一个小山村，一个名为李仲揆的婴儿呱呱坠地。

6岁时，小仲揆进入其父亲执教的私塾读书。14岁那年，听说省城武昌的高等小学堂正在招生，他便带着父亲为他筹借的路费，独自前往省城。

第一次来到有洋人的“大城市”，仲揆有些紧张。在填写报名单时，在姓名栏中填成了年龄“十四”。身上带的钱不多，仲揆无力再买一张新的报名单，急中生智，他将“十四”更改为“李四”，又在后面加了一个“光”字。自此，“李四光”的名字走进了人们的视线。随后两年，在学校的几次考试中，李四光始终高居榜首，尚未毕业就被选派为官费留日生。

站在开往日本的船上，李四光踌躇满志。想起甲午中日海战，想起一路上目睹的洋人对同胞的肆意欺凌……一颗科技救国的种子在心底萌发。在日本，他先在弘文学院学习，后进入大阪高等工业学校学习造船。

1913 年，李四光第二次离开祖国，长途跋涉，远渡重洋，来到英国伦敦伯明翰大学深造，先学采矿，后改读地质学。

在英国学习期间，第一次世界大战爆发，物资短缺，英国人民生活极度困难，许多留学生放弃学业，离开英国。但李四光凭着从小养成的坚忍精神，节衣缩食，克服种种困难，坚持了下来。1918 年 5 月，李四光用英文写成一篇长达 387 页的论文——《中国之地质》，并提交伯明翰大学地质系。凭借这篇论文，李四光被伯明翰大学授予自然科学硕士学位。

1920 年，李四光接到北京大学校长蔡元培发来的聘书，请他回国担任北京大学地质系教授。当时国内军阀混战，时局动荡不安，但李四光仍然决意回国。在担任北京大学地质系教授期间，他一面为祖国培育人才，一面积极参与校务活动，在科学研究工作中取得了创造性的成就，很快成为当时北京大学的名教授之一。

地质力学

李四光在科学史上最重要的贡献，莫过于创立地质力学这一边缘学科。

为了造出中国第一流的兵舰，李四光在日本留学时选修造船专业。但是，当时中国没有钢铁，他又赴英国学习采矿。可是到了英国，他又觉得采矿离不开找矿、勘探，还需要掌握地质学的专门知识，最终，他选择了地质专业。

1926 年和 1928 年，李四光先后发表的《地球表面形象变迁之主因》及《晚古生代以后海水进退规程》等，从理论上探讨自大陆运动到构造形迹等问题。1929 年，他发表《东亚一些典型构造型式及其对大陆运动问题的意义》，建立构造体系这一重要概念，为地质力学奠定基础。

有一次，李四光到北京中山公园，走到社稷坛西门台阶时，刚一踏上一块石板，他就惊呼起来："节理！节理！"他的喊叫，把周围的人都惊呆了。什么是"节理"呢？节理是岩石在自然条件下形成的裂纹或裂缝。多少年来，无数人从这里走过都没注意过它，李四光独具慧眼，发现这一具有科学研究价值的实物。李四光双手抚摸这块发育良好的节理石板，十分高兴，马上组织人手设置木架，从上至下进行垂直拍照。

李四光常年带领学生和研究人员奔波野外，足迹遍布祖国的山川。中华大地幅员辽阔，资源丰富，生物标本遍布，但当时中国非常缺乏有关理论书籍，这一点也让李四光很头疼。当时的地质学术中心在欧洲，于是李四光抓住一切出国的机会，动用自己所有的积蓄，在欧洲遍求有关地质学、古生物学的书籍。

1948 年，李四光出席第 18 届国际地质大会，第一次应用他创立的地质力学的理论，向各国地质学家做题为《新华夏海之起源》的学术报告，引起强烈反响。从此，地质力学这一由中国人创立的新学科正式载入史册。

第四纪冰川

19 世纪以来，"中国不存在第四纪冰川"已经成为一个定论。可是，李四光却不这么认为，因为他在太行山东麓发现了一些很像冰川条痕石的石头。1922 年，李四光在中国地质学会第三次全体会员大会上，做了题为

《中国第四纪冰川作用的证据》学术演讲。为了让人们能接受这一事实，他多次涉足庐山、黄山、九华山、天目山，寻找更多的冰川遗迹。10年以后，他不仅得出庐山有大量冰川遗迹的结论，而且认为中国第四纪冰川主要是山谷冰川，并且可划为三次冰期。

李四光的这个学术观点在中国地质学会年会上发表，引起了1934年的著名的庐山辩论。1936年，李四光又到黄山考察，发表《安徽黄山之第四纪冰川》，此文和几幅冰川现象的照片，引起了一些中外学者的注意。德国地质学教授费斯曼到黄山看到冰川遗迹后，赞叹道："这是一个翻天覆地的发现。"李四光十多年的艰苦努力，第一次得到外国科学家的公开承认。

后来，李四光在庐山脚下建立了一个冰川陈列馆，起名叫"白石陈列馆"（后被国民党海军炸毁），更深入细致地进行冰川研究。1937年，李四光撰写完成学术著作《冰期之庐山》（1947年印行），开创中国第四纪冰川研究的先河，对研究中华民族的起源有着不可估量的作用。

寻找油和铀

1949年，李四光在英国逗留期间，收到来自祖国的信，他被邀请参加全国政协会议。祖国的召唤让李四光下定决心，立即回国。当时，蒋介石对于李四光回国百般阻挠，李四光不顾蒋介石"扣留"的威胁，不辞劳苦，几经辗转，终于回到了能让他真正施展生平抱负的祖国。

中华人民共和国成立初期，百废待兴，石油能源的需求量巨大。当时，八九成的石油都需要从国外进口，这对于中国当时的经济建设是极为不利的。而西方一再论断"中国贫油"，让新中国的建设者们深感忧虑。

然而李四光坚信中国天然石油的储量和开发前景是比较乐观的。1954

年 2 月，他向石油管理总局提交《从大地构造看我国石油勘探远景》的报告，分析了我国的地质条件，认为在我国辽阔的疆域内，一定有着丰富的天然石油资源。党中央采纳了李四光的建议，做出了石油普查勘探的战略决策。

1956 年，67 岁高龄的李四光亲自主持了石油普查勘探工作。根据地质力学的理论，普查勘探人员在一些辽阔的中、新生代沉积盆地中，在约 200 多万平方公里的面积内进行了程度不同的石油普查，打了 3000 多口普查钻井，总进尺 120 多万米，不仅初步摸清了我国石油地质的基本特征，而且证实了我国有着丰富的天然石油资源。

在李四光的理论指导下，勘探队在很短的时间内先后发现了大庆、胜利、大港、华北、江汉等油田，一举摘掉了“中国贫油”的帽子。这一成就成为那个时代最轰动的成果，时至今日，依然令人难以忘记。

1955 年，毛泽东亲自主持会议，研究发展原子能事业的问题，拉开了我国原子能事业的序幕。李四光和刘杰、钱三强三人参加了会议，并一起做了工作汇报。李四光多次听取找铀队伍的汇报，亲临现场指导工作。他对于找铀前景持乐观的态度，指出：“一是要找富集带，二是要便于开采……在我国主要是在几个东西带上。”

会上，毛主席问：“中国有没有造原子弹的铀矿石？”带着自己从欧洲特意带回来的探测器和从中国境内发现的铀矿石，李四光给了毛主席肯定的答案：“中国有铀！”

实践证实了李四光的预测。在紧接着的勘探工作中，勘探队员们从李四光提出的三条东西构造带上，果然发现了储量丰富、品位高的铀矿床，从而为新中国“两弹”的研制奠定了坚实的基础。

李四光对地震的预报工作也倾注了许多心血。然而，由于常年紧张辛苦的工作，病魔无情地蚕食着他的生命。直到逝世前一天，他还在恳切地对医生说："只要再给我半年时间，地震预报的探索工作就会看到结果……"

从只身外出求学的少年学子，到享誉世界的地质大师，李四光的人生轨迹处处都燃烧着科学的火焰，处处都闪烁着科学之光。无论是在学术上，还是在人品上，他都是中国先进知识分子的杰出代表。他所开创的新中国地质科学事业必将在一代代人的努力下不断繁荣发展！

【阅读关键词】爱国、不畏艰难、刻苦钻研

【成长启示】看来平常的事情其实不平常，好奇的童心中总是蕴含着无穷的力量。我们也要学习李四光遇事多提问、多思考的习惯，不懈探究，去揭开一个个神奇之谜，为国家、为人类做出贡献。

即使翅膀断了，心也要飞翔，如果命运注定要我承受，那就让所有的苦难，一起降临吧。也许生命会被碾成粉末，但我不屈的灵魂仍在骄傲地飞翔！

——张海迪

张海迪——中国的“保尔”

在祖国的大地上，一位瘫痪姑娘谱写的高昂生命之歌，震撼了亿万青年的心灵，为人们提供强大的精神力量。

命运之神跟她开了一个大大的玩笑，但她坚强地扼住了命运的咽喉，用残疾之躯完成了许多健全人都无法做到的事情，拓展了她生命的宽度和厚度。

她对知识充满渴望，自学小学、中学的全部课程，自学英语、日语、德语和世界语，并攻读了大学本科和硕士研究生的课程。

她先后研读了十几种医学专著，学会了针灸等医疗方法，为近万名群众无偿治疗。

她就是被誉为“中国的‘保尔’”的张海迪，她的事迹鼓舞和感动了无数人。

不幸的海迪

1955 年，张海迪出生在一个知识分子家庭里。5 岁之前的张海迪健康、活泼、快乐，像许多同龄的孩子一样，有自己的梦想，有一个幸福快乐的童年。家里还保存着她上幼儿园时的照片：白色的连衣裙使她显得格外有精神；两条小腿站得笔直，膝盖下胖乎乎的肉窝清晰可见。

可人生无常，命运难以预料。5 岁那年，一场灾难性的疾病不幸降临到了张海迪的身上。那天，小海迪正在幼儿园里排练节目，她唱着、跳着，忽然觉得眼前一片黑，然后跌倒了。平时，她摔个跟头，总是自己不声不响地爬起来。可这次，她用尽全身力气，还是没能站起来。她着急了："阿姨，我的腿，我的腿哪儿去了？"

父母把她抱进医院，医生们反复会诊，最终拿着诊断书惋惜地说："孩子得的是脊髓血管瘤，恐怕今后……"

接下来的日子里，张海迪的病情反复发作。5 年中，她做了 3 次大手术，脊椎板被摘去 6 块，最后竟致高位截瘫。原本一个天真活泼、蹦蹦跳跳的小女孩，现在只能整天躺在床上，那段时间她觉得天塌了下来似的。医生们都认为，像这种高位截瘫的病人，一般很难活过 27 岁。

病魔是无情的。每当病痛折磨她时，坚强的小海迪总是强忍着泪水，疼得实在厉害时，她就狠狠地揪自己的头发，用一种疼痛来代替另一种疼痛。渐渐地，她揪下来的头发都能编成一条辫子了！

1974 年的一天，张海迪趁父母外出工作，收拾好东西，写好遗书，然后一次性吃了 30 片冬眠灵，又给自己打了 6 支冬眠灵。她静静地躺在床上等待死亡，等待离开这个世界，可忽然她想到了家人，真舍不得离开他们；

又想到了保尔在疗养所企图自杀的情景，他也绝望过，但最终还是战胜了懦弱和病残，成了生活的强者。想到这些，张海迪又有了极强的求生欲望。她挣扎着想爬起来，可药物已经起了作用，她怎么也爬不起来。于是，她拼命地喊：“快来人啊，救救我！”

经过五六天的抢救，张海迪终于苏醒过来。望着身边的亲人、朋友、医生、护士，她惭愧极了，深情地对大家说：“我错了，从今以后我要勇敢地生活下去；就是死，也要在大笑中死去。”

命运之神已经如此薄待她了，却还要再一次折磨她。1991年，张海迪鼻部患上了细胞癌。于是，她经历了生命中的第六次大手术。这次鼻癌手术从剥离到缝合，非常痛苦，那么一点儿地方却缝了40多针。她承受了常人难以承受的痛苦。那种痛苦不仅仅是皮肉上的，更是精神上的。面对如此大的手术，张海迪没有掉一滴眼泪，她从小到大从来没有因为病痛掉过一滴眼泪。

坚强的海迪

1970年，张海迪随父母坐着一辆大卡车来到山东莘县十八里铺尚楼村，开始了农村生活体验。

起初，对张海迪来说，农村的生活环境是非常陌生的，那里没有电灯和自来水，生活十分艰苦。但是，张海迪很快就适应了，而且还感受到更真、更朴素的爱。她与当地小学师生很快建立了联系，互相关爱、帮助。学校没有音乐教师，她就主动到学校教唱歌，课余时间还帮助学生们理发、钉扣子、补衣服等。

看到农村群众饱受缺医少药的折磨，张海迪便萌生了学习医术的念头。于是，她用自己的零用钱买来医学书籍、体温表、听诊器、人体模型、银针和药物，研读《针灸学》《人体解剖学》等书。为了清晰地认识内脏，她仔细观察、认真识记小动物的心肺肝肾。为了熟悉针灸穴位，她在自己身上画满了红红蓝蓝的点儿，还在自己的身上练针体会扎针的不同感觉。

“我觉得医生就是要这样，首先要自己感觉。有人问我的胸以下已经没有知觉了，在自己身上扎针不痛苦啊。我说恰恰相反，我最开始针灸的时候，是扎自己最疼的地方，包括脸上的穴位，扎了以后是什么样的感觉，我要知道。”功夫不负有心人，她终于掌握了一定的医术，能够治疗一些常见病了。在接下来的十几年中，她为近万名群众治病，被群众誉为“80 年代的新雷锋”。

“曾有医生嘱咐过我的父母，我要是得泌尿系感染、肺部感染，或者是褥疮，我会因为感染而死去。我给别人当医生，我也给自己当医生。15 岁在农村的时候，我生了褥疮，晚上点着小油灯，对着镜子，我把自己身上溃烂的肉剪掉——所以，我现在最怕听的就是剪刀的声音。”

她从保尔的事迹中受到鼓舞，从高玉宝写书的经历中得到启示，决定进行文学创作，用自己的笔去塑造美好的形象，去启迪人们的心灵。她读了许多中外名著，写日记、读小说、背诗歌、抄录华章警句，还在读书写作之余练素描、学写生、临摹名画，学会了识简谱和五线谱，并能用手风琴、琵琶、吉他等乐器弹奏歌曲。她先后翻译了《海边诊所》《小米勒旅行记》和《丽贝卡在新学校》等英文作品，创作了《生命的追问》《轮椅上的梦》《绝顶》等作品。

认准了目标，不管面前充斥着多少艰难险阻，都要跨越过去，到达成功的彼岸，这便是张海迪的性格。

张海迪总是说：“人就得要有勇气与生活中的不幸抗争。人的一生总会有坎坷，就看你以怎样的心态去对待。”张海迪便是将自己的生活与座右铭式的豪言壮语融合在了一起，成为一个卓越的人。

快乐的海迪

张海迪看上去总是快乐的，哪怕是在最痛苦的时候，她也能露出一张灿烂的笑脸。

写作过程是痛苦的。由于长期坐着，她得了大面积的褥疮，骨头都露了出来，但她还是乐此不疲地写作着。

几次手术也是非常痛苦的。她是在没有麻醉的情况下实施鼻癌手术的，她清晰地感觉到刀把自己的鼻腔打开，针从自己皮肤穿过……得了癌症，普通人都会悲观沮丧，但张海迪第一次却感到欣喜，因为终于可以解脱了。张海迪曾说：“我最大的快乐是死亡。”但是，她努力活了下来，乐观自信地活着。

她写小说、画油画、拍电视、唱歌……她每一天都活得有滋有味。一次采访中，主持人曾问她：“这样坐着是不是很难受？”她说：“是的，非常难受，可我已经这样坐了40年了。我很痛苦，但可以让别人快乐。”张海迪说这话的时候，诗意从她身边弥漫开来。

张海迪是个非常顽强的女性。残疾对于人类来说是大痛苦，但她却坚强地承受下来，并乐观地生活着。感谢生活给了她一支能说话的笔，让她去倾诉，去抗争，让她不仅活着，还能在写作中放飞心灵。

张海迪还做了大量的社会服务工作。她以自己的演讲和歌声鼓舞着无数青少年奋发向上。她也经常去福利院、特教学校、残疾人家庭，看望孤寡老人和残疾儿童，给他们送去礼物和温暖。她在下乡的村里建了一所小学，帮助贫困和残疾儿童治病读书，并向灾区和孩子们捐款，捐献自己的稿酬6万余元。她呼吁全社会都来支持残疾人事业，关心帮助残疾人，鼓励他们自立自强，为残疾人事业的发展做出了突出贡献。

每一个生命都是一个不朽的传奇，不经历挫折，不敢承受生命之苦，怎能激起浪花，成为强者？让我们向张海迪学习，也做一个生活的强者！

【阅读关键词】 乐观、坚韧、顽强

【成长启示】 人要有坚忍不拔的毅力和乐观向上的品质，即使身处逆境也要昂首前行。

“伏枥老骥”最好用“扶植新秀，甘做人梯”的精神实现自己“志在千里”的雄心壮志。今后衡量我贡献大小的一个重要标志，就是发现了多少年轻才骏。

——王 选

王选——“汉字激光照排创始人”

他最信奉这样一句话：“机遇总是偏爱有准备的头脑。”

他是汉字激光照排系统的创始人，他所领导的科研集体研制出的汉字激光照排系统为新闻、出版全过程的计算机化奠定了基础，被誉为“汉字印刷术的第二次发明”。

他就是中国科学院院士、中国工程院院士、北京大学计算机研究所教授——王选。

首选计算数学　为科研奠定基石

1954年，17岁的王选满怀着憧憬从上海来到北京，进入北京大学数学力学系学习。面对着文化底蕴深厚和学术氛围浓厚的北京大学，他的心中油然生出一股自豪感。那一刻，王选仿佛就已认定，自己将在这片圣地度过一生。

得益于众多名师的指导和严格的数学训练，王选顺利地迈入了高等数学的殿堂，这也为他日后从事计算机应用研究奠定了重要基础。

人的一生虽然漫长，但关键时刻如果走的路不同，命运就会截然相反。在大学二年级时，王选就遇到了这样的关口。

北京大学的教学方式是大一、大二系内不分专业，所有学生都上一样的基础课。但从大三开始，数学力学系就要分成数学、力学和计算数学三个专业，所以学生要在大二下学期确定好自己攻读的专业。专业的选择从某种程度上来说，决定着一个人今后的发展方向，甚至前途命运。系里一些尖子生从中学起，就树立了勇攀数学高峰、摘取数学桂冠的宏伟志愿，因此他们大多倾向于选择数学专业。

当时，计算机在人们心中还是一个相当遥远、神秘甚至陌生的东西，更别说以此为梦想了。计算数学在整个中国都是一个新兴的学科，所以这个专业显得冷冷清清，无人问津。

王选注意到计算技术是我国迫切需要的重点技术，毅然选择了这个专业。他一直坚信：一个人只有把自己的工作和国家的前途命运联系在一起，才有可能创造出更大的价值。

王选在图书馆查阅报刊资料时看到著名科学家钱学森和中国科学院院士胡世华撰写的文章中，都提到计算机将在航天工业、现代国防科学技术等领域发挥越来越大的作用。他坚信计算数学将是一个前景广阔的领域。

这是他人生中第一次重要的抉择，体现了他与众不同的远见和洞察力，也为日后的科研工作奠定了第一块基石。

激光照排成功　被载入印刷史册

1974 年 8 月，经周恩来总理批准，我国开始一项被命名为“748 工程”

的科研项目，分三个子项目：汉字通信、汉字情报检索和汉字精密照排。

王选对汉字精密照排产生了浓厚的兴趣。他带领同事开始研究第四代激光照排系统！他的做法在当时被人认为是天方夜谭，因为当时的中国连第二、第三代机还没能研究成功。他开创性地以“轮廓加参数”的描述方法和一系列新算法，研究出一整套高倍率汉字信息压缩、还原、变倍技术，从而使研制 “激光精密照排”成为可能。

1985 年，王选把技术变成了产品——华光Ⅱ型系统，从而接连获得了国家十大科技成就奖、国家科技进步一等奖等重大奖励。面对荣誉，王选不仅没有引以为傲，反而产生一种“负债心理”。他认为，如果国家的投入没有得到回报，科研成果没有推广应用，获再多的奖也无济于事。

1985 年，华光Ⅱ型在新华社投入试运行。

时间仅仅过了半年，王选和同事们就又研制成功了华光Ⅲ型系统。主机换为台式机，体积更小，稳定性更强。他还带领同事们开发出了先进的科技排版软件，同时，大报排版系统也在紧锣密鼓地研制中。

要使系统达到最高水平，必须能顺利排印大报、日报。这时，因无法进一步提高印刷生产能力而遭遇困境的《经济日报》主动请缨：开全国报社之先河，勇尝激光照排这只“螃蟹”。

抛弃传统的铅字排版，改为激光照排，可以说是“铤而走险”，因此报社采取了小心谨慎、循序渐进的方式，将版面一版一版逐步来操作。1987 年，《经济日报》的四个版面全部用了激光照排，世界上第一张用计算机屏幕组版、用激光照排系统整版输出的中文报纸诞生了！

然而，新事物的出现并非都是一帆风顺的。一上日报，新系统的问题就显现出来了，一时间故障重重，错误不断，有几天甚至延误出报两三个小时。不明原因的读者纷纷来信投诉指责。迫于巨大的舆论压力，报社领导要求：必须在 15 天内排除故障，顺利出报，否则，退回到原来的铅排作业！

经过仔细分析和探讨，王选与科研人员认定，系统是先进的，在应用过程中出现一些问题是正常现象，完全有能力解决。他们决定“背水一战”，派出技术人员跟班作业，随时解决出现的意外问题。王选则坚守在单位，成了技术最高超的问题排除队员，随时与大家分析问题，设法解决。大家齐心协力，众志成城，问题终于一个个被排除，顺利出报。

不久，王选和同事们研制成功了更先进的华光Ⅳ型系统，字形复原速度达到每秒 710 字，并具有强大的、花样繁多的字形变化功能。《经济日报》换了这一系统后，质量和效益大幅度提高。1988 年，经济日报社印刷厂卖掉了沉甸甸的铅字，成为中国第一家“告别铅与火，迎来光与电”的报社。这一时刻，足以载入中国印刷史册。

赤诚善良心　“妙手回春”

《经济日报》应用光与电印刷的成功，彻底消除了一些用户对国产系统“先进的技术，落后的效益”的担忧，国产激光照排系统开始在全国得到推广与普及。

就在这时，一家曾经进口了美国 HTS 系统的报社找到王选，想要购买王选团队研发的国产系统。原来，美国人对汉字庞大的信息量一筹莫展，也无法掌握处理中文的规律，报社始终没能如期排出报来，使得这套价格高达

430万美元的系统三年来一直未能投入使用。而由王选领导研制的国产系统不但更早投入了生产和使用，而且价格也便宜多了，只有其1/15。

王选带着几个骨干去帮忙“会诊”，发现那套美国系统从总体设计、核心技术到排版软件都比自己研制出来的系统落后两年以上。按照常理，王选完全可以让这家报社购买他的国产系统，这样既不必承担风险，又能获得经济利益。但王选考虑到，这套美国HTS系统的许多硬件设备是先进的，是花国家的外汇买来的，不能白白浪费掉，应该尽量利用起来。他当即表示：“可以用我们的技术把美国系统改造好！”王选就是这样一个人，心地像赤子般善良，不会落井下石；心胸如海洋般广阔，善于为别人考虑。这也是他爱国奉献精神的高度体现。

仅仅用了半年时间，王选和同事们就“妙手回春”，使那套美国系统起死回生，顺利出报。曾经“气壮如牛”的美国公司提出要购买王选的专利技术，王选微笑着随口说了个天文数字，把对方吓了回去。美国HTS系统公司的总裁被彻底折服了，不禁连连慨叹道：“我回国后就辞职，今后世界上再不会有美国HTS公司了。”不久美国HTS公司真的宣布破产。后来，美国王安以及日本写研、森泽等公司也全都退出了中国市场。

关心青年成长　成为后人楷模

王选不作为一位杰出的科学家，始终关心着青少年的健康成长。他不顾自己体弱多病，欣然担任了中国青少年网络协会名誉会长。2003年，已经病重的王选接受了中关村第三小学学生的采访。学生们准备得很充分，王选老师非常重视，回答问题也相当认真，给孩子们留下了深刻的印象。

2004年，中国青少年网络协会第一次会员代表大会在北京举行，王选出席会议并发表了语重心长的讲话。他说："我们的老师当年超越前人的一个手段是什么呢？就是学贯中西。像季羡林、王力他们这一代都是留学国外回来的，他们比清朝那一代人的水平提高了一大截。而今天通过互联网，一下子就可以用最快的速度查找到最需要的信息。现在，通过互联网，大家可以直接听到名师的讲话。所以，只要勤于学习、善于学习，你们一定能超过老一代。"

2005 年，中国青少年网络协会等指导和主办的"中国 eBook 产业年会"在北京举行。会上，王选院士做了题为《中国人在新兴领域应该有超过外国人的决心和信心》的演讲，极大地激发了青少年的民族自豪感和自信心。

王选攀登科学高峰壮心不已的精神，关心祖国未来甘当人梯的精神，将薪火相传，发扬光大。

【阅读关键词】献身科学、敢为人先、持续创新

【成长启示】一个人要具有敢于创新、勇于拼搏的奋斗精神，一个人要具有刻苦钻研勇攀高峰的科学精神，这样，才能使祖国持续创新，不断进步，屹立于世界强国之林。

你们要坚持！记住我的话！如果老师有什么意外，这权当老师给你们上的最后一课吧！

——谭千秋

谭千秋——“千秋师魂”

地动山摇，伴着雷鸣般的响声，砖瓦、灰尘、树木纷纷坠落下来，他弓着身子，张开双臂紧紧地趴在课桌上，为身下蜷伏着的四个学生撑起了一片安全的天空，而他头上、手上、背上热血喷涌的形象却定格为永恒。

他用自己的宝贵生命诠释了爱与责任的师德灵魂，他用自己的行动诠释了一名教师默默无闻、勇于奉献的精神！

他就是伟大的人民教师——谭千秋。

每一次回忆那次地震，心便开始抽搐；每一次说起这段故事，泪总会满面；每一次想起那个人，总会肃然起敬。

“英雄不死，精神千秋！”

张开守护的翅膀

2008 年 5 月 12 日，那是一个令我们永远难忘的日子——四川汶川发生强烈地震。下午两点多钟，谭千秋正在教室里上课，房子突然剧烈地抖动起来。啊，地震！谭千秋意识到情况不妙，大声喊道："大家快跑，什么也不要拿！快！"学生们冲出教室，迅速往操场上跑去。此时，房子摇晃得更厉害了，还伴随着刺耳的吱吱声，外面尘土飞扬，一片阴沉沉的。大部分学生安全撤离了，可还有四个学生看来已经不能冲出去了，万分危急之下，谭千秋快速地把他们拉到课桌底下躲好，自己则弓着背，双手撑在课桌上，用自己的身体护住四个学生，将死神挡在自己身后。轰的一声，砖块和水泥板重重地砸在了他的身上，房屋彻底塌了……

地震第二天，当人们发现他的时候，他张开着双臂就那样趴在课桌上，后脑被楼板砸得深凹下去，血肉模糊，却死死地护着身下的四个学生，而这四个学生都还活着！

第一个发现谭老师的救援人员眼含热泪地说，谭老师誓死护卫学生的形象，是他这一生永远忘不掉的。

张关蓉在第二天终于见到了自己的丈夫谭千秋。她拉起丈夫的手臂，轻揉着丈夫僵硬的手指，梳理着丈夫蓬乱的头发，失声痛哭……这宽阔的臂膀曾给了家人栖息的港湾，更给了地震中四个孩子生命的新岸。

人们将谭老师送到殡仪馆火化时，他一岁半的小女儿还不能理解这一噩耗，嘴里一直喊着要爸爸。

丈夫为救学生献出了宝贵的生命，张关蓉悲痛欲绝。她说，她会坚强起来，丈夫走了，她就是家里的顶梁柱，她要代丈夫照顾好婆婆和孩子。她希望丈夫的骨灰能留在四川，永远陪着她……

追忆平凡的人生

谭老师极富爱心。还在念小学时，他就特别喜欢帮助别人。每当赶上放学时下雨，他一定会把自己的雨伞让给没带伞的同学，自己则淋着雨回家。

谭老师对村民们也非常热心友好。高中毕业以后，他发现村里许多人都不识字，便向村干部建议，办扫盲夜校。他还主动担当夜校老师，晚上义务为村民上课，手把手地教村民们写字。在他的帮助下，以前大字不识的村民现在不仅能看懂报纸，还懂得了如何科学种田。

扫盲：扫除文盲，是对文盲、半文盲进行的一种最为初步的基础教育。不识字或识字数不超过500字是文盲。

谭老师多才多艺。他会吹笛子、拉二胡，还会写歌词……为活跃村民的文化生活，他和几个年轻人组成了村文艺宣传队，晚上自编自演文艺节目，宣传党的方针政策，表扬村里的好人好事，批评赌博、不尊老爱幼等不良的社会现象，深受村民们喜爱。

谭老师还十分热心社会公益事业。村里不管是修路还是建学校，他都带头捐款。哪位学生有困难，他就尽力帮助；学生没吃饭，他就会把学生带到自己家里亲手做饭给他们吃；学生身体不舒服，他就用自己的钱带他去医院看病，被同事们誉为“最疼爱学生的老师”。他经常教育弟弟妹妹要乐于助人。在他的熏陶下，妹妹曾一年资助了五个贫困孩子上学！他的人格魅力还深深地影响了下一代，他的大女儿以优异的成绩考上了北京大学法学院，她说一定要用法律为受害者讨回公道。

谭老师经常教育学生：“做人最重要的是要有社会责任感。”1982年在湖南大学毕业后，因成绩优异，学校让他留校任教。当学校领导征求他的意见时，他主动请缨：“我要到祖国最需要的地方去！”当他得知四川东方汽轮厂职工中学急需教师时，便立即申请到那里去，而且在那里一待就是 27 年。

一个朋友想把他调回衡阳老家，还给出了优厚的待遇，却被他婉言谢绝了。父母见他离家太远太孤单，也极力劝说他回来，但他却耐心地对父母说："湖南培养了我，四川养育了我，还是在四川多干几年再说吧。"还有其他一些单位想高薪聘他去工作，但他还是选择了留在四川，直到将自己的生命献给了这片热土。

表达深深的怀念

汶川大地震发生后，不少在湖南的老同学都焦急地与谭千秋联系。当大家从媒体上得知他救人献身的事迹后，既感到悲痛又为他自豪。

湖南大学马克思主义学院院长柳礼泉追忆说："1978 年，我们一起考进湖南大学。他和我一样来自农村，家里穷，都是享受国家助学金完成学业的。他经常对我说，没有国家的助学金，我们这些农村的孩子哪能完成学业？毕业后，他主动要求去边远地区工作，一干就是 27 年，直至生命最后一刻。"

中南大学教授张功耀得知他舍己救人的消息后，彻夜难眠："我与谭千秋那代大学生被人们称为'天之骄子'，单位都抢着要。可谭千秋却选择了'支边'，他的抉择是那样的潇洒飘逸，又是那样的恬静从容。他只知道一年一年的柳绿，却从来不奢望什么花红。"

5 月 17 日，谭千秋的妻子张关蓉怀抱着仅一岁半的小女儿，带着丈夫的遗物回到湖南。当时的省委书记深情地称赞谭千秋是个伟大的英雄、伟大的人民教师，大义无畏，精神千秋；谭千秋的母校——湖南大学约两万名学生手捧烛光，夹道相迎；湖南大学在全校开展了向谭千秋校友学习的活动；在黄花机场，100 多辆出租车自发为他送行；家乡的父老乡亲跑了几十公里路，到县城迎接……

花圈雪白，哀乐低回，乡亲们神情肃穆，泪流满面，声音哽咽，高举着“大爱千秋浩气长存”“千秋永远活在我们心中”等白底黑字的条幅，迎接他们的好儿子。一些人拿着自己折的千纸鹤，站在英雄回家必经的路旁，为英雄默默祈祷。

护送英雄遗物的车辆远远地驶来，乡亲们放起了鞭炮。这段路平时只需十分钟，那一次却整整走了半个小时。

母亲黄春秀在得知儿子去世的消息后，悲伤大哭，哭得撕心裂肺。在老人心中，谭千秋是五个孩子中最听话、最孝顺的一个，每次寄钱回来，都要叮嘱她想吃什么就吃什么。她感叹儿子从小就善良，对于儿子为保护四名学生而献身的事情，老人显得很宽慰，只是不断地哭叹：“他为什么走在我的前头啊！”

危急时刻，为了四个学生的生命，谭千秋义无反顾地献出了自己的生命。他用自己的英雄壮举，诠释了什么是为人之师；他在灾难来临时张开守护翅膀的形象，在人们心中竖立起了一座永不倒塌的丰碑！

【阅读关键词】 为人师表、舍己为人、大爱无疆

【成长启示】 谭老师以自己宝贵的生命为世人诠释了“教师”两个字，其中包含了奉献，包含了无私，包含了给予每个学生的爱。我们要尊敬老师、感谢老师、回报老师，以此来向谭千秋老师致敬，向全天下所有的老师致敬！

从太空看，地球有一种宁静、深邃和安详的美丽，你会同时感到人类的渺小和伟大，比在地球上更眷恋这个人类的摇篮。

——杨利伟

杨利伟——“中国飞天第一人”

“神舟”五号飞船飞天，全世界都记住了一个中国人的名字——杨利伟。

他被授予“航天英雄”荣誉称号，得到国家颁发的航天功勋奖章和“航天英雄”证书。这是英雄对祖国的忠诚奉献，这是祖国对英雄的最高褒奖。

英雄苦练：为航天练本领

杨利伟出生于辽宁省绥中县，一个靠近渤海湾的美丽地方。大海养育了他，同时也塑造了他刚毅质朴、沉静温雅的性格。他从小就有一个梦想，希望有一天能像海鸥那样，向着蓝天展翅翱翔。

1983 年，18 岁的杨利伟如愿考进了空军第八飞行学院。经过四年的刻苦学习和训练，他取得了优异的成绩，成了一名优秀的空军歼击机飞行员。儿时的梦想此刻终于变成现实。

从华北飞到西北，从西北飞到西南，在祖国的万里蓝天上，处处留下了他矫健的身影……

1996年，杨利伟接到通知，参加航天员初选体检。他万万没有想到，儿时梦想飞翔蓝天，现在还可以飞得更加遥远，甚至到达遥远的太空。此刻，杨利伟激动不已。

然而，事情做起来并非那么容易。航天员的选拔近乎“苛刻”，需要“过五关斩六将”。医学临床检查，要对人体几十个大大小小的器官逐一检查。航天生理功能检查，被人们形象地称为“特检”：在离心机上飞速旋转，测试受试者的各种超重耐力；在低压试验舱中，测试受试者上升到5000米、1万米高空时的耐低氧能力；在旋转座椅和秋千上，检查受试者前庭功能；进行下体负压等各种耐力测试……几个月下来，近千名初选入围者剩下的已寥寥无几。最后，杨利伟各项检查都达到了优秀，与其他13位空军优秀飞行员一起，成为中国第一代航天员。

进入北京航天员训练中心，杨利伟开始了航天员的训练生涯。也就是在这里，他真正体会到，航天员耀眼光环的背后，是汗水和艰辛，是奉献和牺牲。

经过一段时间的训练和考查，杨利伟以优秀的训练成绩和综合素质，被选入“三人首飞梯队”，确定为首席试飞人选。

接下来的一段时间，杨利伟全身心地投入强化训练中，整天待在飞船模拟器里，这里已然成了他的“家”。飞船从发射升空到进入轨道，再返回地球，持续时间几十个小时甚至上百个小时，飞行程序指令上千条，操作动作有100多个。舱内的仪表盘红蓝指示灯密密麻麻，各种线路纵横交错，各种设施星罗棋布。要想熟悉和掌握它们，并能进行各种操作和故障排除，只有靠反复演练。

杨利伟把能找到的舱内设备图和电门图都找来，贴在宿舍墙上，便于自己随时默记。他还用小型摄像机把座舱内部设备和结构拍录下来，输入电脑，刻制了一张光盘，只要一有空就放来看。

功夫不负有心人，经过这样的高强度训练，杨利伟熟练掌握了各种设备的情况及其操作技术：只要一闭上眼睛，座舱里所有仪表、电门的位置他都能记得清清楚楚；随便说出舱里的一个设备名称，他就能马上想到它的颜色、位置、作用；操作时要求看的操作手册，他都能背诵下来，如果遇到特殊情况，他不看手册，也能够完全处理好。

在之后的五次飞行程序考试中，他取得了三个 100 分、两个 99 分的好成绩，专业技术综合考评排名第一。

杨利伟对飞船飞行程序和操作程序烂熟于心，在 21 小时 23 分钟的飞天之旅中，他的全部操作没有出现过一次失误。

英雄出征：圆中华飞天梦

2003 年 10 月 15 日 5 时 28 分，在酒泉卫星发射中心，身着乳白色航天服的杨利伟迈着从容而稳健的步伐，向中国载人航天工程总指挥走去。

“总指挥同志，我奉命执行中国首次载人航天飞行任务，准备完毕，待命出征，请指示。中国人民解放军航天员大队航天员杨利伟。”

“出发！”听到总指挥庄重下达的命令，杨利伟大声回答：“是！”一个标准的军礼，定格在共和国的航天史册上。

这是一次英雄的出征，这是一次伟大的出征，这是杨利伟历经磨炼后的太空之旅。从来没有谁的飞行，像杨利伟那样，振奋着亿万人的心。

杨利伟进入飞船，按照规定程序有条不紊地进行着发射前的各项检查。

这时，指挥员下达了“1 分钟准备”的口令。火箭即将点火。指挥大厅里充满着紧张的气氛，观看飞船发射的人紧张得连大气都不敢出。这一瞬间一切仿佛都凝固了。

据国外有关资料显示，发射前航天员因为激动或紧张，心跳一般都会加快，有的达到 140 次 / 分。而此时医学监视仪器显示，杨利伟的心率为 76 次 / 分。杨利伟在飞船内安稳地目视着前方，静静地等待着辉煌一刻的到来。

10，9，8，7，6……这时，屏幕上出现了杨利伟向大家敬了一个标准军礼的画面。顿时，全场掌声雷动。一位老专家见了，激动得满眼泪花，不住地说：“杨利伟，好样的！”“在这样的特殊时刻，杨利伟敬礼向大家致意告别，心里想的是大家，而不是他自己。这不仅体现了杨利伟坚强的意志、良好的心理素质，更展现了杨利伟的人格魅力。”

飞船飞向了太空。从飞船的舷窗往外望去，杨利伟看到了深邃而美丽的太空。他激动地告诉大家：“我看到美丽的太空了！”

飞船进入了太空轨道。杨利伟突然感觉身体似乎飘了起来，他清醒地意识到，飞船已经脱离地球引力，来到了太空。在他还来不及体验失重的奇妙感受时，就已觉得好像头朝下脚朝上了，十分难受。他意识到这是在太空失重状态下出现的一种错觉，如果不及时克服，很可能诱发“空间运动病”，影响任务的完成。他镇定地运用平时训练的方法，凭着顽强的意志，强迫自己对抗和战胜这种错觉，恢复了正常。

空间运动病：乘坐运载工具时出现的头昏、眩晕、恶心、呕吐、面色苍白、出冷汗等一系列不良反应。

飞船在太空飞行着。舷窗外，阳光把飞船的太阳能帆板照得格外明亮，那下面就是人类的美丽家园——地球。飞船绕着地球高速飞行。一会儿白天，一会儿黑夜，黑白交替之间，地球边缘仿佛镶了一道漂亮的金边，景色十分迷人。杨利伟拿起摄像机，赶紧把这壮观的景色拍下来。他不由得从心里升腾起从未有过的强烈自豪感，为中国人飞上太空感到骄傲。他郑重地在飞行手册上写下了这样一句话："为了人类的和平与进步，中国人来到太空了！"

飞行到第7圈时，他又在太空展示了中国国旗和联合国旗，表达了中国人民和平利用太空、造福全人类的美好愿望。

杨利伟在太空飞行中的杰出表现，让世界再次对中国和中国的航天英雄刮目相看。

飞船总设计师高度评价杨利伟的太空飞行："这不是一般的成功，而是非常成功；不是一般的完美，而是特别完美！"

国外媒体和航天员同行也一致认为：这是一次完美的飞行。

英雄归来：为祖国书写史册

航天员大队是个团结和睦的集体。在这个集体中，杨利伟享受着温暖，同时也把温暖传递给大家。他始终把自己看成是航天员大队里的普通一员。

在被正式选为首飞航天员后，他说，他是代表13位航天员出征太空的。因此，在太空飞行中，他的心和战友们的心紧紧相连。按照预定的太空飞行计划，杨利伟在太空有5小时的休息时间，但他只睡了半小时。他说，首次太空飞行，机会太难得了，我要尽可能地体验太空飞行，为战友们将来再次上太空做准备。

对于航天员这个职业，杨利伟说："在飞天的征程上，不仅充满了艰辛，也时刻存在着风险，许多勇士曾为此付出了生命。作为一名军人，就是要时刻准备奉献和牺牲。”

从太空返回后，杨利伟不顾21小时太空之旅的极度疲劳，立刻给训练航天员的教员们一个个打电话，汇报自己在太空的情况。此时电视里已全是他的新闻和形象，他已经成了公众人物、民族英雄，他却仿佛什么都没有发生过。

面对巨大的荣誉，杨利伟没有居功自傲，也没有忘记航天员的神圣使命，犹如平时，淡然处之。当祖国和人民给予他最高荣誉时，他说出了自己的心里话：“感谢祖国和人民对我的培养，光荣属于祖国，光荣属于人民，光荣属于千万个航天人。我为祖国感到骄傲。我将继续努力工作，时刻准备接受祖国和人民交给我的任何任务！”

这位中国人民解放军航天员大队的首飞航天员，以自己的壮举和英姿，赢得了每一位中国人的尊敬，受到了全世界的瞩目。

【阅读关键词】 爱国、拼搏、不怕牺牲

【成长启示】 一个国家只有坚定不移地推进科技进步，才能在国际竞争中取得主动地位。我们也要努力学习科学文化知识，立志用知识报国，用科技强国。

跟着共产党走，棒打不回头！

——孟 泰

孟泰——“高炉卫士”

孟泰，1927年来到鞍山，曾先后担任鞍钢炼铁厂配管组组长、技术员、副技师，设备修理厂厂长，炼铁厂副厂长等，多次被评为全国劳动模范。

虽然孟泰离开我们已经50多年，但鞍钢所在的那座钢花飞溅的工业城市里，几乎到处都有孟泰的痕迹。

在鞍山钢铁集团公司办公楼前，矗立着孟泰的雕像，雕像的正面是胡耀邦同志的题词“孟泰精神永放光芒”；在鞍钢孟泰纪念馆里，数千件展品向人诉说着那段钢铁年代的故事，孟泰的精神就像一盏明灯，指引着一代又一代的钢铁人；在2014年落成开馆的鞍钢展览馆英模厅中，孟泰排在第一位；在鞍钢炼铁总厂，即孟泰曾经工作的地方，还办有《孟泰报》，优秀职工还会获得孟泰奖章；孟泰公园、孟泰小学，尽管如同当年的孟泰一样简朴，却依然在顽强地延续着孟泰精神的血脉，成为人们心中的精神坐标……

孟泰精神一直传承，并不断发扬光大。

英雄壮举　令人动容

在鞍钢，有新职工入厂，有关部门都要组织他们参观孟泰纪念馆，学习孟泰的先进事迹，感受“孟泰精神”。孟泰一生做出很多壮举，给人留下了深刻的印象，令人闻之动容。

1950 年，美帝国主义发动侵朝战争，我国组织了中国人民志愿军参加抗美援朝战争。辽宁作为重工业省，成为支援前线的大后方，而鞍钢更是重中之重。战争一爆发，孟泰主动要求参加护厂队，背来行李睡在高炉旁，吃住都在工厂里。只要防空警报拉响，孟泰就拎着管钳子跑到高炉旁，抱着与高炉共存亡的决心，准备随时用身体护卫。他这样做还有一个目的，就是一旦敌机轰炸，高炉出现损坏，他也能立刻投入抢修。

1950 年 8 月的一天，突然发生一声巨响，整个鞍钢就像平地炸了一个响雷，所有的建筑物都在颤抖，浓烟冲向天空。又是一声巨响，人们慌张地从浓烟中拼命跑出来。这个时候，令人动容的一幕出现了，孟泰逆着疏散的人群，不顾一切地向着高炉冲去。

当时，烟雾笼罩着高炉，浓烈的硫磺味呛得人睁不开眼、喘不上气。早已将生死置之度外的孟泰，拎着管钳子，一点一点地摸索着，查找着，终于在高炉西南角的出铁口处找到了事故原因。原来，4 号高炉的炉壁突然烧穿，火红的铁水像瀑布一样飞流而下，与顺着炉皮淌下的冷却水相遇，便发生了连续不断的爆炸。

孟泰与相继冲上来的几名职工一起，迅速关闭了冷却水的阀门，接着将还在淌着的冷却水引离了炉皮，避免了冷却水与铁水的再相遇。在孟泰等人的及时处理下，爆炸止住了！

也是这年初冬的一个晚上，高炉水门被堵，孟泰踹碎水道表面的冰层，跳入水中，抠掉堵塞的杂物，使高炉循环水线得以恢复畅通。当工友们把孟泰从冰水中拉上来时，他已冻得浑身颤抖，嘴唇发紫。

这样的抢险救灾事迹不是一次两次就能说完的，但孟泰冒着生命危险排除险情的英雄形象永远定格在了鞍钢职工的记忆中。炼铁厂工人都敬佩地称呼孟泰为“老英雄”。

艰苦奋斗　爱厂如家

鞍钢根据孟泰的先进事迹，将“孟泰精神”概括成16个字：艰苦奋斗，爱厂如家，无私奉献，为国分忧。鞍钢将“孟泰精神”作为企业宝贵的精神财富，以激励无数职工奋然前行。

在鞍钢，孟泰有一间神秘的小屋，被称为“孟泰仓库”。1948年，中国人民解放军接管了曾被日本人占领多年的昭和制钢所，鞍山钢铁公司成立。在此已经当了30多年高炉配管工的孟泰看到厂区散落的零件，心像被揪扯着一样疼。于是，他独自去废墟里拾捡零件和设备，从高压汽门、弯头到活塞头，捡回来擦洗干净，存放在一座铁房里。在他的带领下，越来越多的工人们跟着孟泰一起捡，“孟泰仓库”里的宝贝也越来越多。鞍钢修复高炉和管道系统时，先后使用了“孟泰仓库”里存放的几十万个零部件。

1949年6月26日，孟泰和他的工友们经过十几个月的日夜奋战，历尽千辛万苦，克服重重困难，修复完成已经报废了的2号高炉。27日这天，像过节一样，2号高炉炉台上下红旗招展，台上站满欢庆开炉的人。大家怀着既兴奋又担心的复杂心情，紧张而激动地迎接第一炉铁水的流出！出铁的钟声响起，几名炉前工人手持长长的铁钎，齐心合力朝着出铁口猛烈地捅去。“噗”的一声，一道红红的铁流，冒着火舌，闪着铁花，从铁口喷涌而出，在铁钩子里翻滚着奔涌向前……

1964年12月，孟泰当选为第三届全国人民代表大会代表，第8次受到毛泽东主席的亲切接见。孟泰的名声大了起来，找他反映问题和求助解决困难的人日渐多了起来。为此，他常常忙得连饭都顾不上吃。女儿们心疼年迈的老父亲，有时就好心出面“挡驾”，孟泰得知后，严肃地批评了她们，还多次敞开心扉动情地说：“当人民代表就得心甘情愿给人民办事，自己少吃几顿饭，晚睡几回儿觉都是值得的。把老百姓反映的事解决好，才能吃得香，睡得着，才配当人民代表。”凡孟泰经手的事，件件有回音，能解决的都较快地得到了解决，一时解决不了的也有令人满意的答复。

在鞍钢炼铁厂担任副厂长的八年中，孟泰被工人们称为“身不离劳动，心不离群众的干部”。1958年的一天，孟泰到配矿槽了解生产情况，发现这个岗位由于上道工序厂家运送来的烧结矿热量未散而高温难耐，最高温度接近80℃，工人整天都汗水淋漓。他立即召集能工巧匠，在现场共同研究降温方案，并亲手画出安装冷却水管线的草图。经过一番苦战，冷却系统起动运转，作业环境的温度降到规定标准以下，一个多年来的“老大难”问题终于得到了彻底解决。如此为生产、为工人排忧解难的好事，孟泰每年都要办上十几件。

在“三年自然灾害”时期，看见炉前工人干着繁重的活，体力日渐不支，孟泰心里很不是滋味。回到家中，他一狠心把几个女儿靠挖野菜才喂养大的两头猪送到了厂里，给全厂职工改善伙食，而自己全家吃菜团子，得知者无不动容。

1962年3月，鞍钢立山医院十分缺少病床，一批急需住院的职工因此入不了院，从而影响了身体的及时康复。孟泰得知后，挤出时间与供应处、无缝钢管厂、焊管厂等单位联系，为医院买了几吨废钢管，又从厂里带来青年突击队成员，利用空余时间自制铁床。一周后，50多张床整整齐齐地排放在病房里，不仅解决了住院难的问题，还为医院节省了一笔可观的费用。

攻克难关　英雄逝去

1959年4月，孟泰出席了第二届全国人民代表大会，当选为主席团成员。同年10月，孟泰再度被授予全国劳动模范称号。

1959年，铁厂因冷却水水量不足而严重影响了高炉正常生产。孟泰连续半个多月炉上炉下查看，经过反复思考，提出了将高炉循环水管路由并联式改为串联式的方案。经过组织各方面人员进行联合攻关施工，完成高炉改造，改造后铁厂高炉循环水节约了三分之一，全厂每年可节约费用23万元，保证了高炉的正常生产。

1959年，鞍钢在孟泰和技术革新能手王崇伦的倡议和带动下，形成了一支以各级先进模范人物为骨干的1500多人的技术革新队伍。1960年初，苏联政府停止对我国供应大型轧辊，致使鞍钢面临着停产的危机。孟泰、王崇伦迅速动员和组织了500多名技协积极分子，开展了从炼铁、炼钢到铸钢的一条龙厂际协作联合技术攻关，先后解决了十几项技术难题，终于成功制造出大型轧辊。此项重大技术攻关的告捷，在当时的全国冶金战线轰动一时，被誉为“鞍钢谱写的一曲自力更生的凯歌”。

轧辊：使金属（轧材）产生塑性变形的工具，是决定轧机效率和轧材质量的重要消耗部件。

孟泰自己设计制造成功的双层循环水系统使冷却热风炉燃烧

筒提高寿命 100 倍；试制成功的瓦斯灰防尘罩，既减少了环境污染，又提高了企业的经济效益；倡导的更换高炉风口、铁口速度的技术攻关，提高了工作效率，铁厂生产再次刷新历史纪录。为了表彰孟泰在技术革新中的特殊贡献，1960 年 5 月 18 日，经鞍山钢铁公司经理办公会议研究决定，孟泰由副技师破格晋升为工程师。

1967 年 9 月 30 日，积劳成疾的孟泰在北京医科大学附属医院病逝，终年 69 岁。

孟泰没有走，他永远是鞍钢职工中的重要一员。“孟泰精神”已成为“鞍钢精神”，孟泰之魂已成为鞍钢之魂，他是一座永远矗立在人们心中的雕像。

【阅读关键词】 爱厂如家、艰苦创业、自力更生

【成长启示】 “孟泰精神”激励着一代又一代人，我们要像先进模范人物那样，坚定信念，为取得胜利而努力工作；要像先进模范人物那样，刻苦钻研，勇于创新，争做创新创造的先锋。

人生有圆有缺有满有空，这是你不能选择的。但你可以选择看人生的角度，要多看看人生的圆满，然后带着一颗快乐感恩的心去面对人生的不圆满。

——邰丽华

邰丽华——“美与人性的使者”

2004年雅典残奥会闭幕式上，三声厚重的中国钟声响起，一场中国残疾人艺术团的8分钟演出《我的梦——从奥林匹亚到紫禁城》开始了……21位舞蹈演员化为一身，在镶嵌着残奥会会徽与一千多只手的金碧辉煌的拱门下，以缤纷的手姿与斑斓的色彩，“述说”着内心世界的美丽话语……整个会场沸腾了。优美的舞姿，唯美的画面，无声世界里的舞蹈让人们动容，《千手观音》震撼了太多人。

2005年中央电视台春节联欢晚会上，《千手观音》以同样的面孔、同样的场景再次震撼了全国的观众。

在《千手观音》中，站在第一位的舞蹈演员叫邰丽华，她神态圣洁高雅，舞姿优美，像是整个舞蹈的灵魂。

从聋人成长为享誉世界的舞蹈艺术家，邰丽华的人生充满了挑战和惊喜。生活在无声世界里的她，没有抱怨命运的不公，而是以快乐和感恩的心面对身体的不圆满，以顽强的意志追求人生的圆满，为世人奉献着美与爱。

无声中的悄然绽放

2 岁时的一场高烧使邰丽华不幸堕入了无声世界。然而直到 5 岁时，幼儿园的小朋友轮流蒙着眼睛，玩辨声游戏，她才意识到有一种叫“声音”的东西不属于她。

7 岁时，邰丽华进入宜昌市聋哑小学。有一天，律动课老师踏响木地板上的象脚鼓，把震动的感觉传递给孩子们。刹那间，邰丽华震颤了，一种从未有过的幸福体验撞击着她的心。当同学们为脚下变化无穷的震动兴奋不已时，小丽华已全身匍匐在地板上，她指着自己的胸口告诉教师：“我喜爱！”她兴奋地感受不一样的震动，娇小的身体随之摆动。她突然发现，这是一种属于她的语言。

从此，邰丽华尽情地投入一个新奇而充满感召力的世界，她爱上了舞蹈。虽然没有音乐，但是她用自己的心去伴奏。她对世界充满了感恩，她觉得自己注定一生都要用身体的舞蹈和心中的音乐去膜拜生命。

在婀娜的舞姿背后，邰丽华付出比常人多好几倍的辛苦。她全身心地投入到她的舞蹈事业中，将自己变成一只旋转的陀螺，24 小时中除了基本的吃饭和睡觉，其他所有时间都是在舞蹈。找不准节拍再练，动作不对再改，一次又一次，摔到，爬起，再摔到，再爬起……

凭着执着和天赋，邰丽华很快在舞蹈领域脱颖而出。15 岁时，邰丽华在残疾人艺术节舞蹈比赛中获得第一名，被选入中国残疾人艺术团。从此，她作为艺术团的独舞、领舞演员，边随团演出边上学。在很多次舞蹈比赛中，评委们根本没有发现她竟是一位双耳失聪的残疾人。

高中毕业后，邰丽华考上湖北美术学院，成为这所大学首位聋人大学生。她学习装潢设计，善用简洁的线条勾勒出优美而富有想象力的图画。毕业前，她设计的“珍酒系列”包装，获得湖北省广告设计奖。

邰丽华一直很庆幸自己学了4年美术，因为这可以让她在表演的时候，“把音乐转化成很多的色彩，美丽的图画”。

残缺中寻求完美

舞蹈，对于邰丽华来说，是儿时的嬉戏，是精神的寄托，是感受这个世界的特定方式，更是重新定位人生的砝码。

从1992年开始，邰丽华的舞蹈艺术之路开始趋向一个又一个高峰。她用自己对舞蹈艺术独特的心灵体会为世界很多地方的观众带去一次又一次的震撼。

美国纽约的卡内基音乐厅和意大利斯卡拉大剧院，被誉为“艺术家至高无上的梦想殿堂”。能够登上这两个世界顶级殿堂，被视为崇高的艺术之冠。在中国，唯一摘取了这顶艺术皇冠上耀眼宝石的，就是邰丽华。

1992年8月，在斯卡拉大剧院的“无国界文明艺术节”上，邰丽华作为唯一参演的残疾人舞蹈家，表演了极具东方情调的舞蹈《敦煌彩塑》，被组委会艺术总监誉为“美与人性的使者”。

2000年9月，邰丽华来到纽约卡内基音乐厅。这里挂满了100多年来在此演出过的世界著名艺术家的肖像及海报。她一幅幅地看着，突然，自己表演《雀之灵》的巨型海报出现在眼前。那是卡内基音乐厅唯一的中国剧照！邰丽华惊呆了。当晚，她以轻灵的舞蹈，征服了纽约观众。激动的观众们涌向台前，争着同邰丽华握手，使谢幕过程持续了很久。

说起《雀之灵》，还有个小故事。《雀之灵》这个舞蹈是由杨丽萍创作并首演的。邰丽华第一次看到这个舞蹈时，就为杨丽萍轻盈灵动的舞姿倾倒。从此，她像着了魔似的经常对着录影带苦练。因为听不见音乐，她需要把几千个节拍记在心里；为了练习高难度的旋转动作，她要重复上千次……

与杨丽萍演绎的《雀之灵》中那只孤傲、冷竣，始终远离人间净土的让万人抬头仰望的神鸟不同，邰丽华创造的是一只清丽、温婉，总在不经意间为人们绚丽绽放，然后又在刹那间将一切归于平淡的人间之鸟。

杨丽萍被邰丽华的表演深深地打动了，她惊讶地说："我没有想到她会跳得这么好！我跳孔雀舞这么多年，要是让我把耳朵堵上，我也不知道能不能跳出那种味道！"自此，邰丽华被誉为"孔雀仙子"。

在《雨林》中，邰丽华演活了傣族姑娘的率真可爱、活泼奔放，任长发飘洒，欢跃山林，展示着蓬勃的青春。在《踏歌》中，她仿佛是走出历史画卷的窈窕仕女，长袖轻舒，绿裙款摆，任春风拂面，尽拾野趣，心旷神怡，游兴方浓。与此形成强烈反差的是在《黄土黄》中，邰丽华全然一副乡村小妞模样，红头巾、小花袄，扭扭捏捏、羞羞怯怯，几分俗气，几分喜兴，悄然一瞥中，流露出火辣辣的情怀，颇令人忍俊不禁。而在《千手观音》中，她在目光流转、眉宇舒展、玉指轻拈之间，流露出会心的微笑与吉祥的祝福……

与邰丽华交流，舞蹈《千手观音》是一个绕不开的话题。2004 年雅典残疾人奥运会闭幕式和 2005 年春节联欢晚会上，邰丽华作为领舞，以温柔的眼神、缤纷的手姿和发自心灵深处的爱，完美诠释了千手观音的慈悲和善良。

在邰丽华眼中，《千手观音》最大的成功，并非自己一举成名，而在于关注残疾人以及特殊艺术的人越来越多了。

与邰丽华共事过的一位导演评价她是“有史以来最优秀的聋人舞蹈家”，“她身体的乐感和身体的诗意最好”。

爱是我们共同的语言

邰丽华是在爱和快乐中长大的，这让她怀着感恩的心回报社会。“千手观音会伸出一千只手去帮助遇到困难的人。同样，残疾人得到了全社会给予的关爱，也会伸出一千只手，去感谢所有给予他们帮助的人。”

2003 年 6 月“非典”之时，残疾人艺术团是全球唯一到香港演出的艺术团体。2003 年 10 月，邰丽华和伙伴们到上海提篮桥监狱演出，在和服刑人员的座谈会上，邰丽华说：“听说来监狱演出，起初我很害怕。可今天和你们在一起，我觉得大家都是一样的，只不过我们生理上不完美，而你们心灵上曾有过残缺。”在场的服刑人员都泪流满面。

“我忘不了，祖国和人民将全国劳动模范、中国青年五四奖章、巾帼英雄和全国残疾人自强模范、感动中国人物这些荣誉授予我这样一个普通的残疾女孩儿。”邰丽华认真地说，“我明白，没有社会的关爱，就没有我的今天。”

邰丽华曾带领艺术团开展大量公益慈善活动和义演，访问过五大洲 60 多个国家和地区，还经常走进山村和学校，深入社区和福利机构慰问演出。2007 年，艺术团用节省下来的演出收入注资设立“我的梦”和谐基金。邰丽华被誉为“美与人性的使者”，被世界残疾人代表大会称为“全球六亿残疾人的形象大使”，被指定为“联合国教科文组织和平艺术家”。

2008 年 5 月 12 日，四川汶川发生大地震。第二天，残疾人艺术团就捐出 100 万元人民币。在 5 月 18 日中央电视台赈灾晚会上，邰丽华用手语说：“2005 年，我说过一句话，爱是我们共同的语言，只要心中有爱，只要心地善良，就会伸出一千只手去帮助别人，也会有一千只手来帮助您。3 天后我们将赴英国 7 个城市进行为期 21 天的商业巡演，艺术团决定把演出所收入的 160 万元全部捐赠给灾区。祝愿灾区人民早日重建家园！”

邰丽华现在的工作重心是演员的培养和管理。“如果需要的话，我会演出。但我现在重点在培养年轻的孩子，他们需要在舞台上提升自己的能力。如果我一直占着这个位置，他们永远没有机会去锻炼自己，所以机会还是留给年轻的孩子，让他们去锻炼。”

邰丽华的舞蹈如诗如画，含意隽永，不仅给观众带来艺术享受，还讴歌了生命的尊严、价值和伟大的人类精神，激励人们奋发向上、积极进取。

【阅读关键词】乐观积极、勤奋敬业、感恩社会

【成长启示】从不幸的谷底到艺术的巅峰，邰丽华的生命本身就是一次再现生命蓬勃力量的绝美舞蹈。从她身上，每个人都能获得前行的力量：只要我们积极乐观地面对生活，就能舞出绚丽的色彩。

我的权力是人民给我的，不属于我自己，我不能随便支配！

——牛玉儒

牛玉儒——“领导干部的楷模”

晨风中，人们排起了长长的队伍，手举着挽幛，泪水沾湿了胸前的白花。“牛书记，你回家了！”“牛书记，我们怀念你！”……一声声呼唤，一点点向前挪动，人们多想再陪牛玉儒书记走一程。出租车鸣起长笛，一声声像是青城人深情的呼唤……

是什么让青城的老百姓对他如此依恋？是什么牵出青城人无尽的泪雨？俗话说：“百姓心中有杆秤。”这秤总向着一心为人民谋利益的人倾斜。

青城人民爱他如此之深，就是因为他为这片土地奉献得太多太多……

勤政爱民的好书记

2003 年 4 月 10 日，牛玉儒被任命为内蒙古自治区呼和浩特市委书记。从那时起直到去世，他在呼和浩特市工作了仅仅 493

天。可就在这短短的时间里，呼和浩特市干部和群众的脑海里却留下了这样一个深深的印象：这个书记与众不同！

牛玉儒上任的第三天，“非典”疫情便势不可当地扑袭而来！青城人也正是从这场突如其来的灾难中认识了这位新任市委书记。疫情来势汹汹，“封城”传言四起。老百姓那颗紧张的心，一下子按捺不住了，生活必需品被抢购一空。不法商贩也趁机哄抬物价，一斤萝卜竟然卖到了 8 元钱！

这时，新任市委书记牛玉儒来到了百姓中间。哪里疫情严重、危险，他便去哪里探视：“非典”医院、疫情社区、垃圾清理场……他连口罩都没戴，就和身穿防护服的医护人员一一握手，还现场解决划定病区、后勤保障等问题。

看到牛玉儒书记事事冲在前面，人们悬着的心，很快放了下来。也由于牛玉儒及时指挥调度，一场风波就这样被平息了。

那 40 多天里，牛玉儒的足迹踏遍全市四区的大部分社区街巷；那 40 多天里，他办公室的灯光几乎从未熄灭过，每天开会到深夜。会后，牛玉儒继续工作，从网上下载北京、广东等地抗击“非典”的经验和做法，分类整理，转发各部门。其他同志早上一到办公室，就会发现书记批的文件和资料早已摆上了案头，却不见书记的身影，原来他早已到基层为群众解决问题去了……

艰苦卓绝的攻坚战结束后，已 40 多天没进过家门的牛玉儒，拖着疲惫的脚步走回了家，人也整整瘦了 3 公斤！

牛玉儒瘦了，但他在呼和浩特市百姓心中的形象却高大了许多。

“非典”疫情过后，牛玉儒就在呼和浩特市打响了改造青城的战役。

一个雨天的中午，建委的同志突然接到了牛玉儒的电话：“快到青城公园来！”等建委的同志赶到公园时，牛玉儒严肃而深情地对他们说：“公园本应是市民休闲、娱乐的场所，可就因为这一元钱的门票，把好多市民挡在了门外。你们要想办法把这里的破烂收拾出去，把公园建得漂漂亮亮的，再开门让老百姓进来。”

建委的同志一时想不通，担心公园开放了不好管理。牛玉儒就耐心解释道：“这不是收不收门票的问题，重要的是要体现政府部门职能由管理型向服务型的转变。要通过公园开放，促进城市园林绿化的大发展。”不久，呼和浩特市的公园全部免费开放，还绿于民，青城人终于找回了“青”的感觉。

牛玉儒出门爱“打的”，不少“的哥”不经意间就成了牛玉儒的“高参”。一次，牛玉儒向“的哥”王玉海问起了道路建设情况，王玉海向牛玉儒反映：“这几年呼和浩特市的路没少修，但我们对有些路段不太满意，今天修了明天又挖开，大家有意见。”牛玉儒说：“请你相信，今后呼和浩特市的道路建设一定会做好规划，保证工程质量！”王师傅问：“你是干啥的？”他说：“我叫牛玉儒，是新来的市委书记。”王师傅愣了一下，牛书记居然坐进了我们的出租车，与我们零距离地接触，了解城市建设和出租车的经营等情况。

还有一次，牛玉儒打车去民族商场，坐上了“的哥”杨树林的出租车，一上车杨树林就认出了他，说：“您是牛书记吧？还坐出租车？”牛玉儒笑了，问杨师傅：“你对政府的工作有什么意见？”杨师傅想了想，向牛玉儒反映了上公厕难的问题。牛玉儒郑重地说：“放心吧，你说的事很快就会解决。”

此后不到一年的时间，城里发生了巨大的变化，主次干道拓宽了，街头一下子冒出了许多现代化的新公厕。出租车的生意也越来越好，“的哥”成了牛玉儒的铁杆“追星族”，提起他就赞不绝口。

大街美了，牛玉儒还不忘记小巷。他发现很多学生下晚自习后，在漆黑的小巷里行走。他走访了47条“黑巷”，一一点名让城建部门安装路灯。“黑巷”一片光明，老百姓的心更是透亮。

一个周日，牛玉儒发现新铺好的便道上有根电线杆挡在盲道中央，他对管城建的同志发了火：“这样的盲道盲人怎么用？这不是害人吗？”当即要求对市区内所有的盲道全面检查、清理。全市几万残疾人由此受益。

城里美了，牛玉儒又将目光转向城郊。东河原是呼和浩特市的“害河”，夏天发洪水，冬天飞沙尘，市民避之不及。牛玉儒上任不久，就着手治理。为抢在洪水来临之前结束河底和两岸的工程，他早晚都去工地查看施工情况。工地从头到尾有3公里路，他疾步如飞，每次去都“量”几遍。

东河工程完工，智能喷泉冲天而起，绿化隔离带分布两岸……东河成了呼和浩特市百姓的休闲胜地，每天人潮如流，游客不断。

青城变了，一草一木的变化中，都浸润着牛玉儒那颗诚挚的爱民勤政之心。

激情澎湃的工作狂

时任内蒙古自治区党委书记的储波这样评价牛玉儒：“牛玉儒同志是全自治区最有激情的干部之一！不论干什么工作，他都充满信心，充满激情。在他的人生字典里没有‘困难’二字。他自加压力，负重前进，不给自己留余地，不给自己留后路，有远见卓识，思想超前……”

与牛玉儒共过事的人都说：牛玉儒身上有股“魔力”，他到哪里，哪里就发展；他到哪个岗位，哪里工作就有起色；他到什么地方，都会很快有好口碑；他接触到谁，谁就会被激起干事创业的欲望。“跟他干很苦很累，他要求也严，可不知为什么就是愿意跟他干！总觉得有一股冲劲，能成就一番事业！”

这就是我们这位富有事业心的党员领导干部的魅力所在，榜样所在，影响所在！

内蒙古自治区党委领导曾向他提出了高要求：呼和浩特市经济要在全区做“老大”，争取在西部12个省会、首府城市中排在前列！

争做“老大”要有实招。牛玉儒没有胆怯和退缩，他努力想办法，终于找到了三大“杀手锏”——把着力点放在“引企、引资、引智”上，发挥好“乳业、电子、信息”三大支柱产业优势，培育新的经济增长点。

但在他身上，更大的“杀手锏”却是他对事业的激情。这激情，鼓励他把四面八方的人才、项目、资金，像磁石吸铁一样“吸”了过来。

北京来的挂职干部、电子信息专家张伯旭博士，本来没分在呼和浩特市，硬被牛玉儒给“截”了过来。互不相识的两人初次见面，竟一谈就是两个多小时。

“我见过许多领导，但很少有人愿意花这么长时间兴致勃勃地听我讲专业问题。”当被问到对牛玉儒的印象时，张伯旭如此说，“他是那种让人见过一次就忘不掉的人，会让人还想见他，还想与他打交道。”

从此，两人成了事业上的莫逆之交。牛玉儒常常一天给张伯旭打五六次电话，询问当时正在引进的项目的进展情况。有时半夜想起事来，他也要打电话：“你看要不要给投资者再做点什么？”

张伯旭没让牛玉儒失望。2004年台湾汉鼎光电集团入驻呼和浩特市如意开发区。该项目总投资2亿美元（16.6亿元人民币），占地456亩，建筑面积约25万平方米，以光盘驱动器及其部件、高端电子产品生产为主。这为呼和浩特市乃至内蒙古自治区区域产业结构的优化升级和经济发展，带来新的发展契机和动力！

牛玉儒看中了一位当时还在北京学习、善于搞城市绿化的干部，但人家不想来。牛玉儒就专门把他请到呼和浩特市，带他在市区一处处走，一处处看，一处处讲自己勾画的蓝图。最后，牛玉儒动情地说：“一个人有事做多好啊，你来吧！”经不住牛玉儒的劝说，对方终于答应了他的邀请，并很快成为改造呼和浩特市的得力干将。

牛玉儒常说：“不要谋着做大官，要谋着做大事，要做人民拍手称快的好事、实事。生命一分钟，敬业六十秒！”一分耕耘，一分收获，2004年上半年，呼和浩特市引进区外项目和资金连续3个月在内蒙古自治区排名第一。

死亡考验的真汉子

死亡，是一份最严酷的考卷，牛玉儒用他生命中最后的90多个日夜，赢得了令人动容的成绩！这一切，最能彰显他对生命意义的理解、对人生价值的追求。

2004年4月，一直用止痛片对付“胃痛”的牛玉儒，被检查出“结肠癌肝转移”。医生和自治区领导要求他立即到北京做进一步检查，可牛玉儒硬是坚持等呼和浩特市人民代表大会和政治协商会议圆满结束，才从闭幕会场出来赶往机场。

死亡之神的魔爪已无情地伸向了牛玉儒，可他还在与大夫交涉：要尽量在“五一”长假期间把手术做完，争取3天下地，7天拆线，10天出院回家工作！

5月3日，大夫为他做了手术，然而遗憾的是，10天后，牛玉儒却没能出院回家工作——他开始了痛苦的化疗。

化疗后，牛玉儒的身体反应要比一般人强烈，长时间高烧不退，几近昏迷。但他没喊过一声疼，没叫过一声痛。只要体力稍有恢复，他就会把病房变成临时的“办公室”，从早到晚不停地通过电话部署工作，不停地与身边的工作人员探讨工作。

牛玉儒惦念着道路绿化、公园改造有多大进展，更想早点了解让他日夜牵挂的工业园区项目的落实情况。尽管在医院他每天都打电话询问，可他还是想亲眼看一看！

化疗出院后，牛玉儒傍晚6点多下飞机，回到了呼和浩特市。第二天一早，他就迫不及待地坐上中巴车，到市区各处查看去了。

他边看边说，一如先前那样激情澎湃，不禁令身边的人产生了一种错觉：这哪里是个身患绝症的病人？听说全市奶牛头数、鲜奶量在全国大中城市中排到了第一位，他精神倍增，兴奋地说：“这比什么好药对我都管用！”

他每到一处，都询问得那么仔细，想得那么深刻！他还十分关心施工会不会影响群众：“你们得快点干，别总让老百姓吃土啊！”工作人员已看出他的双腿不时在打颤，汗水浸湿了衣衫，就忍不住一次次地打断他的问话，建议早点结束。可他一直视察到中午12点多，才大汗淋漓地拖着虚弱的身体回了家。

2004年7月16日，中共呼和浩特市第九届委员会第六次全体会议召开。牛玉儒在会上激情澎湃，脱开讲稿，讲体会、谈思路、说构想。知道内情的人不停看表，10分钟，又10分钟，分针、时针转了一圈又一圈……他整整讲了2小时10分钟！台上台下，热血沸腾，心潮激荡，雷鸣般的掌声此起彼伏。人们一边为他鼓掌，一边眼中噙着泪花……谁能想到，这荡气回肠的讲话，竟成为他与呼和浩特市人民的诀别、人生的绝唱！

住院治疗期间，牛玉儒几乎每天都通过电话询问重点工程的进展情况，对工作进行指导和监督。出院后两次带病考察城市建设和开发区的工作。他把毕生精力奉献给了他所热爱的事业，奉献给了他所热爱的人民，奉献给了他深深眷恋的草原，直到生命的最后一刻……

8月6日，他与前来探望的同事说起呼和浩特市的建设，说起要在新华广场召开的“昭君文化节”和“草原文化节”。谈话中，他很担心新华广场的改造效果没有他预想的好……他的声音已极其微弱，人也时而清醒，时而昏迷，他说出的最后一句比较清晰的话是：“不知道老百姓……对这个广场满不满意……”

2004年8月14日4时30分，牛玉儒因病医治无效，在北京逝世，终年51岁。

2004年8月15日晚，灯火辉煌的呼和浩特市新华广场上，“昭君文化节”暨“草原文化节”闭幕式举行。广场上，人头攒动，笑语喧哗；广场上方，五颜六色的焰火，照亮了城市的夜空……

2004年感动中国人物牛玉儒的颁奖词是：“名叫牛玉儒，人像孺子牛，背负着草原人的幸福上路，这幸福是他的给养，也是他的方向。风雨人生、利弊得失，他兢兢业业地遵守着‘位卑未敢忘忧国’的祖训。为官一任，他给我们留下激情燃烧的背影，让精神穿越时代常青。他让活着的人肃然起敬，他让天空成为雄鹰的故乡。”

【阅读关键词】一身正气、勤政为民、无私奉献

【成长启示】作为一个共产党员和人民的好干部，要始终全心全意为人民服务，以强烈的事业心和责任感来做好自己的工作。清正廉洁、一身正气，才能展现当代共产党人的风采。

国家之富强，全在于国民，国民之发展，全在于教育。教育为立国之本，兴学乃国民天职。

——陈嘉庚

陈嘉庚——“华侨旗帜、民族光辉”

陈嘉庚对中国做出了杰出的贡献，毛泽东同志曾称他是“华侨旗帜、民族光辉”，这八个字足以概括他伟大的一生。在他去世之后，国家给予其国葬的哀荣，把他安葬在家乡，以告慰这个曾经辉煌、博大无私的爱国华侨。

1990 年 3 月 11 日，国际小行星中心和小行星命名委员会，将中国科学院紫金山天文台 1964 年发现的第 2963 号小行星命名为“陈嘉庚星”，以表彰陈嘉庚对教育事业做出的杰出贡献。

陈嘉庚，他做大菠萝“苏丹”，建成橡胶王国；他散尽家财，兴办学校……他留给我们一个个励志故事，激励着我们奋发向前。

为父还债　走上商业之路

1874 年，陈嘉庚出生在福建厦门。这里有十分辉煌的历史，从民族英雄郑成功到虎门销烟的林则徐，这些人的故事都在小嘉庚的心里留下了十分深刻的印象。陈嘉庚从小就对这些爱国英雄充满了敬仰。因为当时战乱不断，有很多人远赴南洋谋生，这里便成了远近闻名的侨乡。当时，陈嘉庚的家庭也是一个华侨世家。他出生的时候，父亲在新加坡经营着米店和一家小工厂。

陈嘉庚 16 岁时遵照父亲的意愿，离开了慈母，独自从厦门太古码头登上“美丰”号轮船，前往新加坡见世面、长见识。来到繁华的大城市，陈嘉庚并没有被外面的世界吸引，而是老老实实地待在店里，跟着老伙计学习怎么管理、如何经营，因为聪明和勤奋，他很快就成了父亲的左右手。

就这样，陈嘉庚跟父亲在新加坡一待便是 8 年。1898 年，母亲病逝，得到噩耗的陈嘉庚立即回乡葬母。出发之前，他将自己经管的账务移交给他的叔叔。当时他父亲各项经营都很顺利，生意兴隆，门下资产也非常可观。可是当陈嘉庚守完 3 年母丧回到新加坡时，却发现曾经生意兴隆的米店已经门庭冷落，竟然还负债 30 多万元。原来是父亲的私生子趁陈嘉庚不在，尽情挥霍导致负债累累，家族企业面临破产。

按照当时新加坡的法律，“父债子免还”，况且陈嘉庚身无分文，如何去偿还？陈嘉庚完全可以对父亲的旧债置之不理，然而，他谨记自己是中华儿女，“父债子还”乃天经地义。深受儒家思想影响的陈嘉庚毅然承担起了债务，接下了这个烂摊子。

陈嘉庚的行为赢得了当地人们的尊重。

独自创业　爱上菠萝橡胶

陈嘉庚临危受命，却开启了不平凡的创业之路。

创业本就不容易，陈嘉庚负债创业的难度更是可想而知。当时他手里的资金少得可怜。经过详细的考察，陈嘉庚发现，菠萝罐头销路很好，且生产周期短，需要的资金也不是很多，非常符合自己的现实情况。经过反复思考，他下定决心建立一个菠萝罐头厂。

建厂资金不够，陈嘉庚四处走动，借了7000元。制作菠萝罐头所需的白铁、糖枋，都可向别的商人赊取。开工的问题终于解决了。等到4月份菠萝一上市，陈嘉庚的“新利川”工厂就开始加工生产。为了在竞争中取胜，陈嘉庚给自己的菠萝罐头取了个好商标名称——“苏丹”，意思就是菠萝罐头之王。

在陈嘉庚的精心经营之下，罐头厂一切运作正常，销售看涨，月底核算结果，获净利竟达9000元，不仅收回全部建厂投资，而且还有盈余。从绝境中拼杀出来的陈嘉庚初战获胜，就以“新利川”为立足点，一鼓作气，一边经营着菠萝罐头厂，一边开设了米号。

随着菠萝罐头厂生意越做越大，对菠萝的原料需求也在不断增长，为了解决这个问题，陈嘉庚便动起了脑筋，买别人的菠萝价格高还不能保证供应，那不如自己来种。于是，他在附近购买了一块空地，用来种植菠萝，取名为“福山园”。后来，这里成为当地最大的菠萝种植园。

1906年夏季，菠萝罐头行情大跌，陈嘉庚只能勉强保住本钱。从高潮到低谷，这样的打击并没使他消沉，反而让他更清醒地意识到，商场如同战场，仅靠单一产品的经营不能适应瞬息多变的市场，他要寻找新的项目。

一次偶然的机会，陈嘉庚听说一个橡胶商人打算高价卖掉自己的橡胶园，他意识到这是个商机，于是，马上联系到这个商人，购进了18万粒橡胶种子。因为当时菠萝生意不景气，很多人脱手自己的菠萝园回笼资金，陈嘉庚趁此机会购买了大片土地，这些都成了他以后的橡胶种植园。

到1913年，陈嘉庚的菠萝产量已经跃居新加坡首位，真正成了业内的菠萝“苏丹”。这一年，他已是一个拥有2处橡胶园、4个菠萝罐头厂、1家米厂、1间米店，固定资产和纯利润有四五十万元的华侨企业家了。

1914年秋，正当菠萝罐头的生产旺季到来之际，第一次世界大战爆发，欧洲各国对菠萝罐头限制进口。陈嘉庚的菠萝罐头厂遭到了沉重打击，仓库里积存着几万箱产品无法售出。祸不单行，战争还使陈嘉庚的米业也遇到了麻烦。许多商船在东印度洋上受到德国战舰攻击之后，原本就很紧张的航运几乎全部停顿。陈嘉庚米厂的仓库里堆放着一万多包熟米没有销路。产品积压使资金流转困难，工厂租金越期无法清还，工人的生活费又绝不可拖欠。陈嘉庚陷入了“艰难维持，度日如年”的境地。

1914年冬天，陈嘉庚终于将所有的货售罄。这时，他当机立断，决定经营航运业。他先是租了2艘轮船，用来运送需求量很大的熟米到印度去销售。后来他又增加了2艘轮船，专门承接英国政府的货物。他擅长审时度势，有敏锐的经商嗅觉，能及时改变经营策略，这些都为他赢得了可观的利润。有了更多资金之后，他购进多艘轮船，这次他没有亲自经营，而是租给法国政府，这样不仅省事，而且避免了风险。

第一次世界大战期间，欧洲列强之间展开激烈的斗争，给美国经济腾飞提供了难得的机会。美国工业的发展，刺激了橡胶制品的需求，带动了马来西亚橡胶业的发展。马来西亚成了世界“橡胶王国”，橡胶产量居世界第一，橡胶业也一跃成为支柱产业。而陈嘉庚此前的投资终于有了回报，他被公认为“马来西亚橡胶王国四大功臣”之一，载入史册。

1918年，陈嘉庚逐渐把重心转移到橡胶业上，实现了橡胶经营从单一的农业垦殖到工业制造的飞跃发展。接着，他又实现了第二个飞跃发展：将橡胶的农、工、贸经营集于一身，而且开创了在英国统治下，百年来新加坡华侨不通过洋行，而与外国商家直接进行贸易的先例。

在第一次世界大战期间，陈嘉庚不但没有遭受损失，反而依靠米、橡胶、轮船航运和出售菠萝罐头厂积存的铁皮，赢得了巨额的利润，成为著名的企业家、新加坡华侨大亨。

一生俭朴 心系办学兴教

虽然在商界取得成功，但陈嘉庚先生一生俭朴，从不夸耀自己。在陈嘉庚故居，陈列的蚊帐、被褥、衣服、礼帽、皮鞋等物都是老式的。一只翻过来的破茶杯，杯底上插上蜡烛，就是他自己设计的烛盘了。他家财万贯，但对自己的家事，却是“求缺不求全”。抗日战争期间，校舍和他的住宅都曾遭到日军飞机的轰炸。然而，在校舍和住宅的维修之间，他选择了先修校舍。陈嘉庚始终认为振兴工商业的目的是报国，但报国的关键在于提倡教育，因而他“立志一生所获财利，概办教育”。

1893年，19岁的他在家乡创办惕齐学塾。1913年，他又创办集美小学。此后他与胞弟陈敬贤一起，边集资边办学，先后在家乡创办了包括幼儿园、小学、中学、师范、水产、航海、商业、农林、轻工业等校在内的集美学校和厦门大学，资助了闽南20个县市110多所学校，并在侨居地新加坡创办和赞助了道南小学、南侨师范、水产航海学校等。他用于办校兴学的资金超过了1亿美元，人们都亲切地称陈嘉庚为“校主”。

1929年，美国爆发经济危机。一个恐怖的“黑色星期四”，让纽约的百万富翁一夜沦为乞丐。更可怕的是，这股危机很快席卷了全球，陈嘉庚的公司也未能幸免。

1929年，公司累积亏损320万元，陷入了资难抵债的困境。当时汇丰银行与另一财团提出，只要他停办集美、厦大两校，即刻会有大笔资金进入。

陈嘉庚没有丝毫犹豫地拒绝了："企业可以停盘，学校绝不能停办！"他认为自己不能也不应该放弃对教育的支持，学校办起来了，就得维持下去，一旦关门，恢复就难了。学校如果关停，不仅耽误青少年的前途，而且对社会影响不好。如果因为负担学校经费而招致生意失败，这也只是个人事业的荣枯。

为了维持学校的正常运转，陈嘉庚将为儿子购买的三座别墅一并卖出，这一"毁家兴学"的举动震惊了全国，人们称之为"出卖大厦，维持厦大"。后来在资金紧缺关头，陈嘉庚甚至贱价卖出了橡胶园。

1932 年，陈嘉庚辛苦创办的企业被收盘，虽然事业走到了末路，但陈嘉庚却不后悔，因为他成功地创办了这么多学校，尤其是厦门大学和集美学校，这些都是他的骄傲。

1936 年 5 月，在独立支撑了 16 年后，陈嘉庚再也无力支持，他决定无条件地将厦门大学献给政府。他致电福建省政府主席陈仪和教育部长王世杰，坦诚"以厦大如此重要而限于经济不能发展"的悲痛，"愿无条件将厦大产业奉送，所有董权一概取消"。10 年后，陈嘉庚回忆此事，仍然愧疚，"贻累政府，抱歉不已"。

晚年的陈嘉庚，念念不忘国家统一。1950 年，他于集美学村创建鳌园，并在鳌园中的"博物观"照壁石屏正中，请石匠刻录五幅地图。上面一幅是"世界地图"，下面并列四幅地图，分别为"中华人民共和国地图""福建省全图""台湾省全图"及"同安县全图"，并在图中刻下亲撰的《台湾史略》。《台湾史略》的第一句话写道："台湾为我国东南一大岛。"

朝鲜战争爆发后，美国第七舰队进入台湾海峡，意图阻挠中国统一事业。针对美国的侵略行径，1950 年 7 月 4 日，陈嘉庚通过《福建日报》发表文章，明确表示台湾是中国不可分割的领土，绝不允许外国干涉。此后，他又一再阐明台湾是中国的领土，绝不容许外国侵占或干涉，并号召华侨为祖国的统一大业贡献力量。

1961年8月12日，这位令人敬仰的企业家、教育家病逝于北京。他没有把财产留给子孙后代，而是将300多万遗产全部捐出，作为集美学校的校产，嘱咐“把集美学校办下去”。祖国统一是陈嘉庚临终遗嘱中的第一件大事，他最后的遗言是“台湾必须归中国”。他相信这个愿望一定会实现，一定要实现。

陈嘉庚的影响远远超出了国界，不仅中国人尊敬他，而且海外华人和华裔也尊敬他。他的精神在海内外都将永放光芒。

【阅读关键词】心系祖国、自强不息、办学兴教、以诚待人

【成长启示】若没有那种“爱拼才会赢”的精神，没有那种敢于闯荡南洋的魄力；没有散尽家财办学校的义举，就不会有让人铭记的陈嘉庚。陈嘉庚身上独有的打拼精神和爱国精神令人佩服。

我是大海的一滴水，起不了波浪。要是大家都行动起来做点儿好事，我们的社会就繁荣了！

——吴锦泉

吴锦泉——“磨刀老人”

“窄条凳，自行车，弓腰扛背，沐雨栉风。身边的人们追逐很多，可你的目标只有一个。刀剪越磨越亮，照见皱纹，照见你的梦。吆喝渐行渐远，一摞一摞硬币，带着汗水，沉甸甸称量出高尚。”这是一段颁奖词，你很难想到，获奖的竟然是一位磨刀匠。

在这里，我们称颂的不是他高超的磨刀技艺，而是他感动了身边人、感动了全中国人的朴实善良。

点滴捐赠　大爱人生

“锵，锵锵……”在江苏省南通市港闸区一带，居民们只要听到清脆的“吊金龟”声，就知道是磨刀老人吴锦泉来了。

吊金龟：六片铁板串成的敲打器具。

磨刀，是一门技术活，也是体力活。62 岁的吴锦泉从针织厂退休后，就操起了小时候学过的一门手艺——磨刀。他每天骑辆破旧的自行车，走街串巷，磨一次剪刀五角钱或一元钱，一天下来多的时候也不过挣个十块八块。一个退休老人这么拼命挣钱到底是为了什么？你可能会说，老人是想多攒些养老钱，或是想为子孙多留下点财富。都不是。“磨刀的收入一分不动，全部用于帮助别人。”这就是吴锦泉老人走街串巷磨刀的目的，他要用这些钱帮助身边有困难的人。

有人说他是当代的雷锋，有人说他“傻”，可就是这样一位“傻”磨刀匠，用实际行动感动了很多人。

2008年，汶川地震造成的巨大灾害牵动着全国人民的心。吴锦泉老人从收音机里得知汶川地震的消息后，便骑上自己的破自行车，风风火火地来到了红十字会的募捐点。他将随身携带的布包向募捐台上一倒，立即震惊了周围的人。那些钱，有大大小小的硬币，有又旧又皱的纸币，它们都是老人磨刀挣下的血汗钱。零零散散的1002元钱，是老人3个多月风里来雨里去换来的。这一刻，在场的人眼睛都湿润了。“我是一名党员，四川受灾，我心里很难过。这是我磨刀挣的钱。虽然我已经80岁了，但身体还好，还能挣钱。这点心意捐给灾区人民。我力量不大，否则还能多捐点。”双手握着空空的布袋，老人满脸的歉意。

这样的情景，在后来的几年里，一次次出现：2009年1月，他为残疾儿童捐款1316元；2010年4月，他向青海玉树地震灾区捐款1000元；2010年8月，他为甘肃舟曲泥石流灾区捐款3000元；2013年4月，他为四川雅安地震灾区捐款500元；2014年8月，他为云南昭通地震灾区捐款1213元；2016年6月，他向江苏盐城阜宁等龙卷风灾害地区捐款1091.5元……就这样，2008年至今，吴锦泉捐款超过18万元。

在吴锦泉的家乡，村里大多数人家楼房耸立、生活富足。但吴锦泉老人的家，却让人有些心酸，是三间修了又修的低矮旧瓦房。旧桌椅、旧被铺，家里几乎没有新的家具和值钱的生活电器；厨房里看不到半点肉丁，半个吃剩的煮山芋，老人还不舍得扔掉；老人身上的衣服，还是补了又补的旧物。

出去捐钱时才舍得穿的一条黑裤子，也已经陪伴他 40 多年了。吴锦泉老人生活十分简朴，蔬菜自己种，几乎没买过新衣服。他每月生活费不过 300 元，省吃俭用，却将磨刀积攒下的收入全部捐了出去。

物质生活寒酸，但墙上一张张老人获奖或接受国家领导人接见的照片，以及一座座奖杯，又填充着老人的精神世界，富足得让人敬仰。

榜样力量　爱心传递

18 多万元，对于大慈善家来说也许微不足道，但对于靠磨刀为生的年过八旬的吴锦泉老人来说，那几乎是倾尽所有。老人的善举，一次又一次地感动着社会，感染着周围的人。他像一盏烛光，点亮无数心怀善意的人，也感染了全城。他所在的城市有更多的人加入到了捐款的行列，一时爱心如泉涌。南通市红十字会还创建了“磨刀老人微公益基金”，将老人的精神发扬光大。

付出总会有回报，播撒爱就能收获爱。吴锦泉踏着自行车外出磨刀时，人们立刻就能认出这位用微薄收入慷慨行善的磨刀老人。不少人在磨刀时，会特意给老人一张整钱：“吴爹爹，不用找了，我们都知道您是在做好事，挣的钱捐给了困难人群。您就算帮我也捐一点。”对于这样的好心人，吴锦泉总是心存感激，会让他们写下名字，自己只代为捐赠。

一个人的善，发酵为一群人的善、全社会的善。作为“善的种子”，吴锦泉老人谦虚地说：“我是大海的一滴水，起不了波浪。要是大家都行动起来做点儿好事，我们的社会就繁荣了！”

“我是一个磨刀的，也是一名慈善大使。通过我，希望能让更多的人成为有爱心的人。”吴锦泉说。如今，他是南通年纪最长的红十字会志愿者。

老人的善举，换来了沉甸甸的奖杯。但回到家乡南通后，他便把奖杯小心翼翼地锁进木箱，每天依然顶着酷暑，冒着严寒，骑着老旧的自行车，踏行几十公里，走街串巷磨菜刀、剪子。一块，二块，三块，四块……他小心积攒着零钱，储存在他的慈善梦想中。

本应在家中安享清福，吴锦泉老人却靠自己勤劳的双手贡献着力量；家境贫困的他，不但不要社会接济，反而成了施予者，常年把磨刀挣得的微薄收入用于慈善公益，多次向灾区、残疾儿童及其他需要帮助的人捐款。这走街串巷挣来的钱里面，流淌着多少汗水，又传递出多少爱心！

【阅读关键词】 热心公益、乐善好施、平凡伟大

【成长启示】 一个人生活可以贫穷，但精神要富有。我们也要多做善事，不断奉献自己的爱心，有无私奉献的精神，有助人为乐的善举。

不治服这风沙灾害，东山人民是无法过好日子的。要治穷，得先除害！如不治服风沙，就让风沙把我埋掉。

——谷文昌

谷文昌——用双手退风沙的“愚公”

有这样一位共产党人，他深深地热爱人民，人民也由衷地热爱他；他在世时，人们反复传诵他，他辞世后，人们依然发自内心地追思他、怀念他：他工作过的地方的百姓自发捐款为他修墓、树碑、雕像，工人、农民和学生经常到他的墓前瞻仰凭吊，每逢春节、清明，为他扫墓的人总是络绎不绝，还有人自费印发宣传材料，担当他的感人事迹的义务宣传员。

这位深得人心的共产党人、这位永远留在人民心间的领导干部，就是谷文昌。他带领东山县人民顽强拼搏，不懈奋战，从根本上改变东山恶劣的生态环境，不仅使全县人民从此摆脱了世代逃荒要饭的苦日子，而且为后来的全面发展奠定了坚实基础。

对国家，他忠诚勤恳——“不带私心搞革命，一心一意为人民”；对人民，他像公仆——“对群众有利的事，再难也要办；有损党形象的事，再小也不为”；对工作，他敢担责任——“党要求什么，群众需要什么，我们就去做什么”；对公职，他清廉公正——“当领导的要先把自己的手洗净，把自己的腰杆挺直”。

治理风沙　还子孙后代蓝天

如今的东山，天蓝、水碧、海湾美，沙白、林绿、岛礁奇。谷文昌当年描绘的愿景——“举首不见石头山，下看不见飞沙滩，上路不被太阳晒，树林里面找村庄”，早已变成现实。“我们的沙滩格外美”，是东山人的骄傲；“国家级生态县”，是东山岛的美誉。

这样一座美丽的生态海岛，昔日竟是“沙滩无草光溜溜，风沙无情田屋休”的荒凉沙岛。过去的很长时间里，这里一年四季中六级以上大风多达150天，森林覆盖率仅0.12%；风沙不断吞没家园，百姓常患天花、眼病。恶劣的生存环境，使得当地百姓不得不外出当苦力，有人甚至当了乞丐。

1950年，离台湾最近的闽南海岛东山解放了。虽然旧社会的“三座大山”被推翻了，但压在东山人祖祖辈辈头上的风、沙、旱“三座大山”，还横亘在面前。群众有土地，但种不出粮食，这地又有什么用呢？

谷文昌当县长时，一次下乡的途中碰到一群村民，他们身穿破衣，手提空篮，要去乞讨。乞讨？谷文昌不禁纳闷，东山解放都3年了，居然还会发生这样的事？想到自己是一县的父母官，他心里觉得非常愧疚，立志要改变生存环境，为百姓谋生路。

谷文昌对天发誓：“不治服风沙，就让风沙把我埋掉。”

1955年，谷文昌担任东山县第三任县委书记。他以昂扬的斗志，带领县委一班人，领导东山人民为根治风沙进行不屈不挠的奋斗。

最初沿用老习惯搬沙，千万个东山“愚公”持续苦干两三年，可是一起风，沙尘铺天盖地，卷土重来。

然后尝试植草种树。10多个树种，10多万株苗木，大风一刮，绿色的希望又枯死了。发动大种龙舌兰，可它们就偏偏不长梢，不仅没挡住风沙，反而被沙尘埋没。

他们又尝试造堤挡沙。30多公里的风口地带，谷文昌带着机关干部，经过2个多月的奋战，筑起了2米高、10米宽的挡沙堤39条，共2万多米。可是风雨无情，仅过1年，挡沙堤崩垮了。

3年间，东山县委先后8次组织全县军民与风沙搏斗，一连串的努力，一连串的失败，但是谷文昌没有灰心、退却。有一次白迟村农民在沙地里挖出了能烧火的泥炭土，他得知消息，欣喜若狂，心中燃起了熊熊的希望之火：远古的东山就有林海。东山可以种树，可以造林！

为了寻找适合在当地种植的树种，谷文昌带领技术人员翻阅资料，四处寻访。听说广东省电白县（今茂名市电白区）成功种活了一种名为木麻黄的树，谷文昌立即派人前去考察。捧着树苗，他像孩子捧着糖果一样兴奋。1958年一开春，一连4天，他带领群众在全岛种下数十万株木麻黄。

然而，天有不测风云，持续一个多月的倒春寒，几乎把全部树苗都冻死了，这也让所有东山人寒透了心。几近绝望之际，技术员告诉谷书记，有一个村子有9株木麻黄还活着！谷文昌赶到技术员说的村子，抚摸着那几株新绿的幼苗，就像抚摸婴儿的脸蛋儿："能活9株，就一定能活9000株、9万株！"

希望，从这点点绿色开始。谷文昌成立了三人技术小组，开展"旬旬造林"试验，气温、湿度、风向、风力，都详细记录在案。晴天种，雨天也种。终于，9株木麻黄，变成了20亩丰产试验林，又像海潮般向各村漫去……

东山从此有了这样壮观的场面：一下雨，广播里马上播送造林紧急通知，各级干部带头冲进雨幕。百里长滩，千军万马，歌声与风声齐飞，汗水与雨水交织。

3年过去，421座山头、3万亩沙滩，尽披绿装，万亩防沙林、水土保持林，在童山、赤地、沙丘上傲然崛起，环护着田园村舍。“神仙都难治”的风沙，被谷文昌治服了。“看见木麻黄，想起谷文昌。”这是东山人民流传口头的一句话。谷文昌为东山留下千千万万的木麻黄，千千万万的木麻黄又从千千万万人的心里拔节而生。岁月的洗礼，让他的身影愈加清晰挺拔，他的精神穿越时空，历久弥新。

不带私心　他是永远的怀念

谷文昌严于律己，始终保持共产党人的高尚情操。1962年东山县的高考落榜生，绝大多数被安排了工作。谷文昌的大女儿谷哲惠也未考上大学，却仅被安排做临时工。谷文昌开导女儿说：“总不能自己安排自己吧！年轻人应该多锻炼锻炼。”

1964年当谷文昌调离东山时，有人提出把他的大女儿转成正式职工，一起调到福州。谷文昌说：“省里调的是我，又没有调我女儿，给她转什么正？”小女儿谷哲英，1974年高中刚毕业，谷文昌就让她到农村插队锻炼。谷文昌的二女儿结婚，想让他批点木材做家具，他严词拒绝：“我管林业，如果我做一张桌子，下面就会做几十张、几百张，我犯小错误，下面的工作人员就会犯大错误。当领导的要先把自己的手洗净，把自己的腰杆挺直！”

谷文昌大半辈子与林业打交道，从不沾公家一寸木材。从福州回到漳州，妻子提出去买点家具。谷文昌买了竹凳、藤椅、石饭桌。“为什么不买木制的？”妻子问他。谷文昌说：“林业局局长家一下子添了木制家具，外人会产生误会，我们也不能写个声明贴出去：这是买的。”他经常教育家属子女："要看看老百姓穿的是什么、吃的是什么，不能一饱忘百饥啊！"

1980年，他的儿媳杨小云从师范学校毕业了，想让他出面安排工作单位。谷文昌说："还是听从组织分配吧！"后来杨小云被分配到市区一所小学校，又想让他帮助调一调。他说："不论单位大小，只要努力，在哪里都可以做出成绩。"

谷文昌一贯严格要求自己和家属，不搞特殊，不以权谋私。许多人称赞他是一位"时刻想着群众，忘记自己的人"，是"一辈子做好事、不做坏事，一贯地有益于广大群众，一贯地有益于青年，一贯地有益于革命，艰苦奋斗几十年如一日"的非常高尚的人。

谷文昌去世后，东山县委决定将谷文昌的骨灰安葬在当年他亲手建起的赤山林场。村民们听到这一消息，纷纷赶来，为他的坟墓添加一抔热土。

每年清明节，东山的父老乡亲，扶老携幼，拥至谷文昌墓前，献一捧自己采摘的花草，放一盘自家做的吃食，寄托无限怀念和敬仰之情："谷书记，你领导我们战胜贫困，送走穷神，我们不会忘记！""先祭谷公，后祭祖宗"，已经成为东山当地的习俗。

【阅读关键词】 造福一方、不畏艰苦、实事求是

【成长启示】 心中有党，心中有民，心中有责，心中有戒，这样的人称得上是楷模，是标杆，是榜样。做人要有实事求是、求真务实的科学态度，好官要有清正廉洁、严于律己的高贵品质。